旅する
ツール・ド・
フランス

小俣雄風太 著

TOUR DE FRANCE,
JOURNAL
D'UN VOYAGE

太田出版

はじめに

自転車に乗ることが好きだった父は、90年代の初頭、深夜にテレビで放映されていたフランス一周自転車レースをよく観ていた。階下のリビングから印象的なテーマ音楽が布団の中まで聞こえてきたことをよく覚えている。僕は小学校に上がるかどうかという年齢だったが、それがツール・ド・フランスという自転車レースであることを知った。

高校生になり時間を持て余していた僕は、気晴らしに自転車に乗るようになり、父がかつてたんまりと録画していたVHSでツール・ド・フランスをよく観るようになった。行ったことのない外国の風景の中に、自転車選手の集団が走り、沿道には熱狂的な人々が溢れている。この現象はなんだろう。スポーツ競技であるのに、お祭り騒ぎの市井の人々や、広大な山岳地帯や海、平原といった大自然、あるいはフランスの美しい街並が画面に映し出されている。選手も、市民も、自然も、街並も、等しくこの映像の主役であるようなのだ。

2005年、大学生になって2度目の夏に、ツール・ド・フランスに行くことになった。98年から毎年ツールの取材を行っていた綾野真さんという気鋭のフォトライターがたまたま近所に住んでいて、アシスタントという名目で、同行することになったのだ。初めて1人で乗る飛行機と、シャル・ド・ゴール空港で見た近未来的な天井はよく覚えているが、それからのことはあっという間すぎて細かく覚えていない。しかし、ツールを追いかけていると、毎日訪れる町ごとに歓迎があり、熱狂があり、祝祭があった。それは擦り切れるほど繰り返し見たVHSの映像の世界そのものだった。言葉もわからぬ異国の地の沿道で、何か身体の奥にたぎるものを感じた。19歳の夏だった。

それから20年近く経って、10代で受けた衝撃を忘れられない僕は、再びツールを訪れることにした。7月のフランスの道路脇には、3週間を通してあの熱狂と祝祭が何も変わらず残っていた。相変わらず、スポーツ競技でありながら、フランス文化の写し鏡であるかのようなツール・ド・フランス。そして僕は、純粋な競技というよりも、旅する文化事象としての側面に大きく惹かれていることに気がついた。

フランス全土を駆け抜けるツールを追いかけるということは、フランス文化の多様性を巡る旅でもある。決してガイドブックに載ることのない小さな村にも、ツールはやってくる。3週間の旅の中で、街並みや言葉や食文化は移り変わっていく。レースの背景として通り過ぎるこうした移ろいを書き留めておけたなら。そんな思いから2023年のツール取材旅を一冊にまとめたのがこの本だ。極私的な旅日記であるけれど、ツールという文化事象の本質をなんとか掴もうと苦闘した旅の記録でもある。レース中継には映らない、ツールの別の顔を感じてもらえたら幸いだ。

ツール・ド・フランスとは？

世界最大の自転車レースが、ツール・ド・フランスだ。１９０３年に創始され、２度の世界大戦の期間に合計10年の中断を挟みながら、２０２３年に大会は第１１０回目を迎えた。

フランス語で「フランス一周」を意味するように、創始されてからしばらくはフランスの外周を走る３週間弱のレースだった。21世紀の今日ではオリンピック、サッカーワールドカップに並ぶ世界三大スポーツイベントにも数えられる。だが五輪やＷ杯のように開催国が持ち回るならともかく、フランス国内を走るローカルレースがなぜ世界的な人気イベントになったのか？　そこには純粋なスポーツイベントには無い、自転車ロードレースに固有の特徴が関係している。

スポーツでありながら、旅

自転車ロードレースは、スポーツ競技でありながら旅でもある。ツールでは一日２００㎞を、ほぼ毎日３週間にわたり走る。選手は一日に５時間近くを走り通し、７０

00キロカロリーを消費し、期間中の総走行距離は3000㎞を優に超える。純粋に選手のパフォーマンスを比較する競技なら、競輪のように自転車競技場で行えば、天候や季節に影響されることもなく都合がいいはずだ。しかしロードレースでは街路が、田舎道が、山岳地帯が、国全体が試合会場となる。毎年コースは変わり、訪れる街も変わる。常に旅をしながら競技を行うという稀有なスポーツが自転車ロードレースであり、そしてそれこそがこの競技の大きな魅力になっている。

フランスは世界でも有数の観光大国だ。花の都と称されるパリの歴史と文化の深さ、各都市に花開いた貴族文化と建築。町を離れればアルプスやピレネーといった雄大な山岳地帯が広がり、またラスコーのような先史時代の芸術まで見どころが多い。フランス各地を訪れるツールは、こうしたフランスの観光名所を試合の舞台とすることで、観光振興にも一役買う。元々は新聞社が創始したイベントだから、メディア戦略にも長けており、戦後しばらくはフランスの国威発揚としてもツールは十全に機能した。美しい国フランスのスポーツ広報部長だったのだ。

スポーツでありながら、旅。特に自動車が普及していなかった20世紀初頭、自転車は旅や冒険と同義の乗り物でもあった。人間の可能性を拡張してくれるもの。そしてその限界を見せてくれるツールの自転車選手たちは、民衆のヒーローとなった。労働者階級の子どもが夢見る職業となったが、一方であまりに過酷なレースに、ツールを走る選手は「路上の囚人」と称されもした。交通手段が多様化した今日にあっても、人力だけで移動する自転車選手は、どこか冒険家の面影を残していると言えるかもしれない。３週間を走り通すレースは他にイタリアとスペインにあるが、ツールこそがその元祖であり、競技レベルや注目度、露出といった面で他を圧倒している。世界最大の自転車レースは、今も昔もツールなのだ。

出場できるのは、ほんの一握りの選手だけ

今日のツールは、チーム単位で招待される。どんなに自転車に乗るのが速くても、ワールドチームと呼ばれる世界トップの18チーム、あるいはそれに次ぐランクのプロチーム（こちらも18チーム）に所属していなければ出場はできない。さらにそのチームの中で8名の出場選手に選抜される必要があり、出場22チーム、全１９６名は名実ともに世界のトップレベルの選手であると言っていい。

１１０回の歴史の中で、出場したことのある日本人選手はわずか４名。日本では自転車ロードレースがまだまだメジャースポーツではないこともあり、狭き門となっている。しかし、1970年代から日本でも映像で紹介されたことで、憧れと夢を抱きツールに挑戦しようと研鑽を積む日本人選手は数多い。2024年の時点でワールドチームに2名の日本人選手が在籍し、ツール出場の可能性を持っている。

1人が勝つために他の選手は犠牲となる

ロードレースのチームは、国ではなくスポンサーによって構成される。なぜチーム単位での出場になるかというと、これもロードレースという種目の競技特性によるところが大きい。ロードレースにおいては、個人の勝利は同時にチームの勝利としてみなされる。というのも、チームにはエースとアシストという役割が明確に分かれており、通常1名のエースが勝つためなら、残りの7人の成績は問われない。この7人は、とにかく自分のチームのエースが勝てるように手助けをすることが存在意義だ。競技時間と移動距離がとにかく長いロードレースにおいて、エースの風よけになる、補給食や着替えの運搬を行う、小用を足す時に背中を押してあげる（選手たちは乗ったまま用を足す！）、パンクの際には自身の自転車を差し出す、などなどアシスト選手の仕事は多岐にわたる。そしてエースは盤石の体制を整えてもらったうえで勝負に出て、勝つ。その結果得た賞金はチームで山分けして、独り占めすることはない。アシストがいなければエースも勝つことはできないからだ。このチーム内での人間関係は泥臭くて、美しい。ひとくちにエースといっても、総合優勝を狙う選手を据えるチームもあれば、最初からステージ優勝を狙うチームもある。前者の場合はオールラウンダーが、後者の場合はスプリンターがエースとなる。

総合優勝とステージ優勝

ツールでは、3週間の合計タイムを競う「総合優勝」と、毎日のレースを競う「ステージ優勝」をかけた争いが同時に起きている。少しややこしいが、平坦ステージ*で勝利を狙うスプリンターは、タイム差がつく山岳ステージ**で活躍できないため、総合優勝は狙えない。一大会でステージ5勝を挙げても、総合成績では下の方ということはざらにある。総合優勝を狙えるのは、オールラウンダーと呼ばれる山岳も走れて個人タイムトライアルも走れる万能型の選手だが、そんな才能を持っている選手は一握りにすぎない。ツールに出場する選手のうち、総合優勝を実質的に狙える選手は5人

* その名の通り平坦なステージ…なのだが、4級や3級の山岳ポイントをいくつか含む場合も、フィニッシュが平坦基調なら平坦ステージとみなされることが多い。スプリンターを抱えるチームは、目を三角にしてこの日を勝ち取りにいく。最高速度 70km/h を超える集団スプリントは平坦ステージの華だ。一方で総合優勝を狙うオールラウンダーや山岳ステージを狙うクライマーたちにとっては休む日。

ほどだ。他の選手はトップ10入りを目指したり、単発のステージ優勝を狙う。全てのチームが総合優勝を狙うわけではなく、そのあたり各チームの思惑が交錯し、展開が複雑化する。それが「路上のチェス」とも呼ばれる所以だ。ちなみにツールの総合優勝で賞金50万€（約8000万円）。ステージ優勝では1万1000€（約180万円）。他のメジャースポーツと比べると驚くほど低い。

栄光の黄色いジャージ「マイヨ・ジョーヌ」

ツールの総合優勝の証は、黄色いジャージ「マイヨ・ジョーヌ」。毎日のステージでその時の総合リーダーが着用してレースを走り、最終日パリでそのジャージを着ている者が栄えある総合優勝者となる。この黄色はツールのシンボルカラーであり、期間中、大会にまつわるすべてのものが黄色で彩られる。ちなみにこの黄色は、ツールを創始した新聞の紙の色が黄色だったことにちなむ。特別賞ジャージは他に3つ。最速スプリンターのためのポイント賞は「マイヨ・ヴェール」という緑色のジャージが、最速クライマーのための山岳賞は「マイヨ・ブラン・ア・ポワ・ルージュ」という白地に赤の水玉ジャージが、25歳以下で最速の選手にはヤングライダー賞として白いジ

** 山岳ポイントがいくつも設定される、あるいはフィニッシュが山の上にあるステージを指す。距離と勾配に応じて山岳ポイントは2級や1級、超級と難易度が上がる。大会期間中、二〜三日ほど設定される超級山岳を含むステージでは、総合優勝を懸けたバトルが繰り広げられる。一方で筋骨隆々としたスプリンターは完走を目指し奮闘する。体重のある彼らは登坂が苦手だが、山岳ステージを乗り越えないと次の平坦ステージでチャンスを掴むことができないからだ。

ャージ、「マイヨ・ブラン」がそれぞれ与えられる。

ツールはフランス人の原体験

開催時期は毎年7月と決まっている。これはフランスではバカンスの時期に当たる。生まれ育った町でツールの通過を観戦したり、旅先で家族で観戦するというのは多くのフランス人にとって幼少期の原体験だ。毎年違うコースを走るツールだから、フランスで長年生活していれば集団が近くを通過することは人生で一度や二度ではない。そんなところも、この大会が親しまれる理由になっている。近年はヨーロッパ各地のみならず、世界中から観戦のために人々がフランスを訪れ、そして世界の200近い国と地域で生中継されることもあり、フランスの大会という枠を超えた世界的なスポーツイベントに成長していることは先に述べた通りだ。そこにはパフォーマンスを競うスポーツとしての高揚があることはもちろん、移動を伴う旅や冒険といった筋書きのなさに思わぬ人間性の発露もある。フランスの優美な風景の中にとても人間臭い選手と観客がいること。それこそがツールの魅力なのである。

Contents

プロローグ　出発　6月27日

再びツールへ

2023年6月。僕の乗る飛行機は西へと向かっている。もう一度、ツールのあの沿道に立ってみたかったのだ。ティーンエイジ・メモリーを忘れられないまま時が過ぎていき、昨年会社を辞めてフリーになった。会社勤めをしていたら、3週間フランスに行きっぱなしなんてことは到底できるものではない。そして、2022年、久々に現地で見たツールはやっぱり巨大な文化としか呼べないもので、魅了された。この年は最初の三日間がデンマークで開催されたため、大会がフランス本土へ入る第4ステージから最終日パリまで、およそ3週間をかけてフランス各地を巡った。この時見聞きしたことは、2005年の時と変わらず刺激的だった。大人になっても、まだこんなに新鮮な驚きや感嘆を覚えるなんて！　それはしばらく人生で味わっていなかった類の興奮であった。そんなだったから、採算や生計を考えるより先に、2023年のツールにも行くんだとカレンダーに印をつけたのだった。

飛行機は、夜のハノイ・ノイバイ国際空港*に着陸した。パリ行きの便が出るのは4

* パリまでの直行便は高くつくため、乗り継ぎ便を選んだのだが、一番安い便がヴェトナム航空だったのだ。平日の夕方に日本を経つ便でこのヴェトナムの古都を目的地としていた人は多くないようで、乗客の大半は乗り継ぎ目的らしかった。

時間後。日付が変わる頃に、ようやく飛行機は飛び立った。

移動日　パリ〜ボルドー　6月28日

「ツール・ド・フランスに行ってきます」と友人知人に言うとまず返ってくるのが「出るの!?」という言葉なのだが、そんなことはありえない。きっとみんなニューヨークマラソンとか、アイアンマンのようなスポーツイベントをイメージしているのだろうけれど、ツールは正真正銘世界のエリート選手だけが競う場だ。仮に僕が日本で一番の選手であっても、ツールに出るというのは容易なことではない。それくらいに浮世離れした世界なのだ。

ツールはスタジアムスポーツと違って、3週間の期間中、一箇所に留まることが無い。つまり3週間、ひたすらに移動しながら選手たちを追いかけることになる。移動手段はレンタカー*。レースコースが3200kmでも、翌日のスタート地点が離れていることも多いので、レース後にも移動をすることになる。取材班は3週間で走行距離6000kmなんてこともざら。とにかく、移動づくしの日々なのだ。

* 2023年時点でも、選択できるクルマの半数以上はマニュアル車。オートマ車が無いことはないが、金額が1割ほど高くなる。3週間まるまるツールを追いかける人はそう多くないと思うが、長期間レンタルの場合は距離の上限が設定されることが多い。これがだいたい3000kmまでなので、ツール取材班にとっては頭が痛い。上限なしのクルマはもちろん金額がさらに高くなる。ちなみにシャルル・ド・ゴール空港のレンタカーオフィスはいつ行っても激混みで、かなり待たされる。日本の手続きとは雲泥の差だ。夏場などはレンタカーのピックアップに1時間以上見ておいた方がよい。

取材仲間を待ちながら

朝のシャルル・ド・ゴール空港に着いたら、空港内のマクドナルドで朝食をとる。マフィンとコーヒーで1000円近くするが、日本円換算はあまり精神衛生上よろしくないので、頭の中では努めて1ユーロ＝100円だと思うことにする。ちなみにフランスでマクドナルドは「マクド」と略す。関西方式である。ここでのんびりと朝食をとるのは、ある2人の到着を待っているからだ。

ひとりは、自転車情報ウェブメディア「シクロワイアード」の磯部聡。若手の自転車編集者で、レースはもとより、自転車機材にも造詣が深い。写真も撮れて文章も書ける彼は、今年初めてツールを取材することになった。もうひとりは、自転車フォトグラファーとして海外で活躍している辻啓。昨年、僕をツール取材に連れ出してくれた張本人で、海外メディアや大会主催者にも顔が利く。ツールを放映するスポーツ専門チャンネル「J SPORTS」ではこの数年、毎日現地から映像レポートを行っているので、日本のツール視聴者はまず間違いなく彼のことを見たことがあるだろう。お互いに自転車の業界で仕事を始めた頃からの長い付き合いで、当時は近しい年齢の人がいなかったこともあり、啓兄と呼んでいる。2人とレンタカーを折半しながら今回のツール取材を行うことになっているので、レンタカーのオフィスに近いマクドナルドで到着を待っているというわけだ。

まず磯部くんがやってきた。彼にとっては初めてのツール。どこか期待に胸が踊っているようでテンションが高い。時差ボケのせいもあるかもしれないが……。啓兄の到着はまだ少し先だから、先に2人でレンタカーのオフィスで手続き*を進めることにする。遅々として進まない列で順番を待っていると、啓兄がやってきた。

1時間半後、ようやくクルマが出てきた。磯部くんは黒のフィアット「ティーポ・クロス」、啓兄は白のシトロエン「C5 エアクロス」。これが3週間の相棒となる。日本と同様に、フランスでも小型のSUVが流行っているようだ。ルノーの「キャプチャー」やプジョーの「2008」、ダチアの「ダスター」といったクルマをフランス各地で本当によく見かけた。ツール取材のクルマ選びは、乗るのがジャーナリストなのかフォトグラファーなのかで変わってくる。フォトグラファーなら機材を積める充分な荷室が必要だし、ジャーナリストだけが乗るならそこまで大きくなくてもいい。機材のみならず3週間に備えた大きなスーツケースも持ち運ばないといけない我々は、あまりに小型のクルマだと動きようがない。

* シャルル・ド・ゴール空港のレンタカーオフィスではとにかく時間がかかる。予約しておいたクルマをピックアップするだけなのに、なぜこんなにも時間がかかるのか。フランス人の芸術性を、この国の玄関口でまざまざと見せられることになる。

ツールを追いかけるとなるとかなりのドライビングスキルを要求されることになる。*スピードを出すだけでなく、駐車や車間のセンス、右側走行…。そして何より、今回の2台は両方ともマニュアル車である。フランスではまだまだマニュアル車がメインで、オートマ車をレンタカーすると割高になる。3週間も借りるとなると、その差額は馬鹿にならないのだ。

レンタカーのエンジンがかかり、空港を出ると「いよいよツールの取材が始まるぞ」と気分が高まる。だが、まずは最寄りのスーパーに立ち寄る。アエロヴィル（空港街）と名付けられた、ほとんど空港に併設しているようなショッピングモールで買い出しである。最優先で買うのは、スマートフォンのｓｉｍカード。フランスでは数社のｓｉｍカードから選ぶことができるが、僕のお気に入りはｆｒｅｅ《フリー》社のもの。15ユーロ（約２３００円）で一ヶ月通話は無制限、データ通信も１００ＧＢ以上使えるとあって安くて必要十分。ｓｉｍカード自体の代金として10ユーロ（約１５５０円）がかかるが、それでも充分に割安だ。デメリットは、田舎での電波の弱さ。ツールでは電波の入らない山岳地帯や農村といった田舎を多く訪れるため、レース中に使用できない恐れがある。啓兄は動画レポートを生中継で届けなくてはならないため、ｆｒ

* ここで白状しよう。散々運転のあれこれを語ってきたが、僕はこの旅ではほとんど運転をしない。というのも、啓兄は他人（特に僕）にハンドルを握りたがらせないし、磯部くんは趣味がクルマやモーターバイクという生粋の乗り物好き。マニュアル車の運転方法をほとんど忘れているような男の出番はそもそも無いのであった。一応は国際免許をとってきたのだけど、運転は得意な人たちに任せる。

ｅｅではなくフランス大手の通信事業者であるＯｒａｎｇｅ《オランジュ》をチョイス。日本で言うドコモのような存在で、圏外になることは少ないという。

ビルバオまでの道のり

　隣のスーパーで食料品や水を買い込み、改めて出発！　なのだが、さぁどこへ？
今日は6月28日の水曜日。ツールの開幕は7月1日の土曜日である。そしてその開幕の地は、スペイン・バスク地方の主要都市ビルバオ。「フランス一周」レースなのに、スペインから始まるとは！　と憤っても仕方ない。様々な大人の事情があって*、いまやツールは、ヨーロッパの近隣諸国を含めた自転車レースとなっているのだ。ちなみにコースは毎年変わる。昨年のスタート地点はデンマークのコペンハーゲンだったから、レースが始まる前に陸路１２３０㎞の移動があったという。

　ビルバオはパリからおよそ９５０㎞南方に位置している。始めからビルバオまでフライトで行くという手も無いことはないのだが、毎年最終日だけはパリ・シャンゼリゼと決まっているため、レンタカーの返却を考えるとパリに入り陸路移動したほうが、後々スムーズだというわけだ。そんなわけでフランス初日は移動日。空港を出た

＊ 毎年コースが変わるツールのスタート／フィニッシュ地点は各都市の入札で決まる。フランス国外からの入札も主催者の貴重な財源となる。また、開催国のメディア露出も、フランス国内だけで開催するより大幅に増えることになる。

のが14時過ぎだったので、ビルバオまでの途中の街、ボルドーで一泊することになっていた。

まだレースも始まっていないし、何と言っても陸路の移動しかしていない我々。この後散々見飽きるとわかっていても、高速道路から見えるフランスの田舎の広大な風景には旅情を掻き立てられる。7時間ほどのドライブを経て、ボルドー郊外に到着。ボルドーといえば世界に名だたる赤ワインだが、この郊外にあってはブドウ畑の面影もない。それに、ボルドーに来たのだからワインを飲もうなんて風情もへったくれもないのが我々である。なんといっても、この日の夜は「レオン」*だと端から決まっているのだ。ツール取材の宿を手配する啓兄は、いつもこの「レオン」の近くのホテルから優先的に探す。「レオン」はフランス全土に展開する海鮮レストランで、ムール貝が看板商品。そして僕も啓兄も、このムール貝が好きで好きでたまらないのだ。

初日から、ご馳走を堪能することになった。この「レオン」はいわばファミレスで、価格帯もそう高くない(が、日本円換算にすると……)。フランス全土にあるといっても、ツールの取材旅程の中でうまいこと動線上にあることは少ないから、行ける時には全力で行っておくべきなのだ。大体の場合は郊外にあるが、パリなど大都市なら街中に

* フランス全土で約80店舗を展開する海鮮料理のチェーンレストラン。かつては「レオン・ド・ブリュクセル」という店名だったが、2021年から「レオン」となった。以前の名称が示すように、1号店はベルギーのブリュッセルにあり、当地の名物料理であるムール貝が売り物。

もある。バケツいっぱいのムール貝とフリット（フライドポテト）を、ビールと共に食べれば、元気になること請け合い。隣国ベルギーが本場なので、フランスでムール貝というのは少し邪道かもしれないが、僕の中ではフランスの大好きな料理である。「レオン」は細かいところが洒落ていて、店員の着るポロシャツに「幸せの中を泳いでいます」と書いてあったりするのがまたいい。新発見はマスの絵が描かれたお手拭きに、「あなたのお手拭きは無料でございマス」と気の利いたコピーが踊っていたこと。

無事の到着と取材旅の成功を祈り、ビールで乾杯した。このボルドーには今年ツールが訪れることになっている。「一週間後には、再び戻ってくるのだから、ワインはその時だね」と言いながら、ムール貝のバケツを空にしたのだった。ほろ酔いで安宿に戻り、ベッドに入るとほどよい眠気に見舞われ、よく眠れそうだった。時差ぼけの心配はなさそうだ。ふと、これはまだ26日間の取材の一日目に過ぎないのだと、これから始まる長旅を案じ正気に返りかけたが、気づかないふりをして心地よい眠りに身を任せる。明日は始まりの地、ビルバオへ。

レオンのムール貝。これを食べると、フランスに来たと実感する。黙々と食べてしまう。

「あなたのお手拭きは無料でございマス」

レオンのオリジナルビール。啓兄（左）も嬉しそう。磯部くん（右）は初レオン。

2023年ツール・ド・フランスの全コース。南西部のスペイン・バスク地方ビルバオをスタートし、北東へとフランスを横断しながらパリを目指す設定。

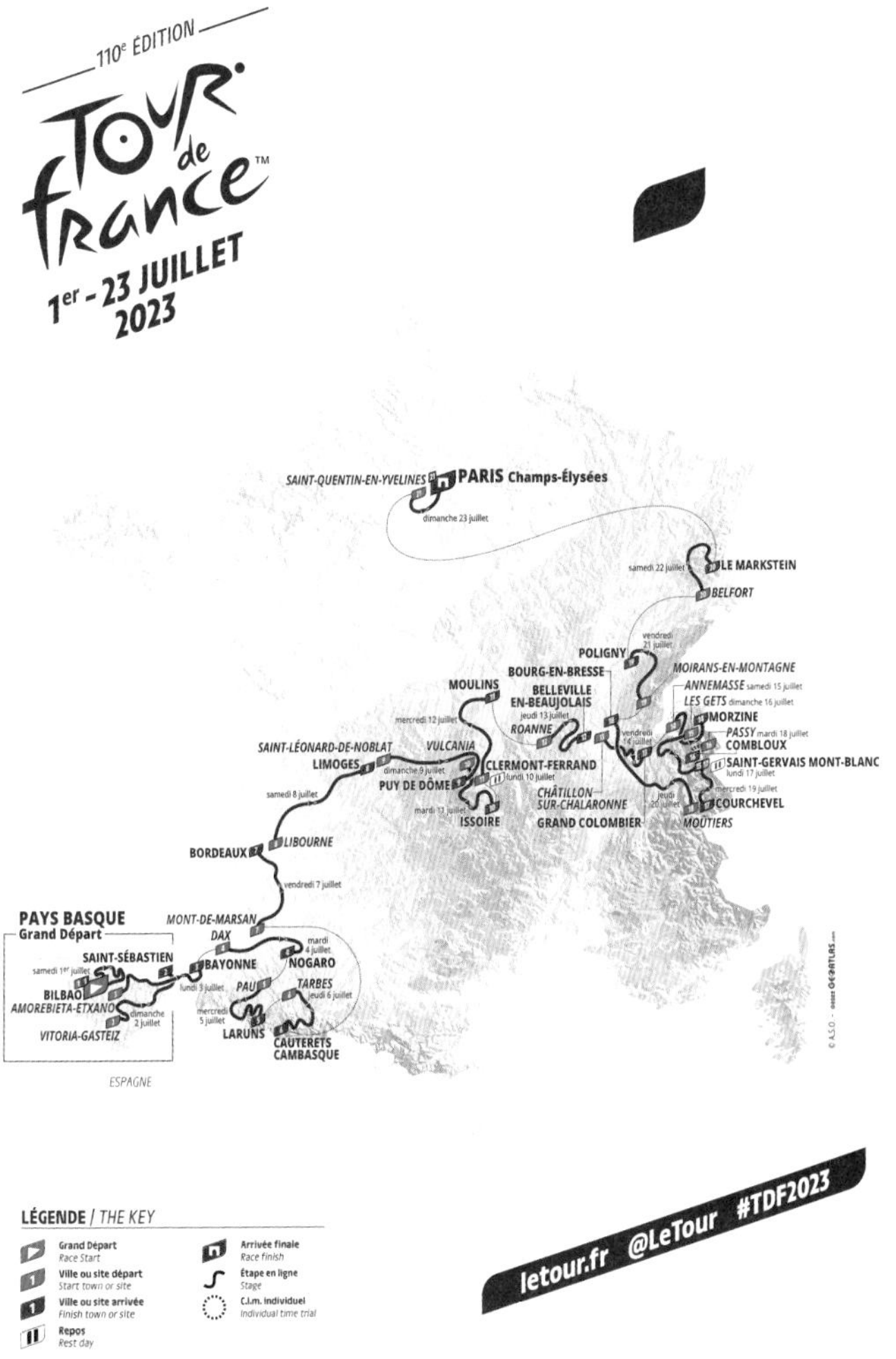

Etape 1

Bilbao —
Bilbao

Samedi 1er juillet

◀第1ステージ

ビルバオ

182km

スペイン・バスク地方の大都市ビルバオを舞台とする第1ステージは、「近年で最も難易度の高い大会初日」という触れ込み。5つの山岳ポイントが設定され、とりわけフィニッシュから10kmほどのところに待つ3級のピケ峠は急勾配。総合優勝を狙う選手たちの争いが勃発し、双子ながら別チームに所属するイエーツ兄弟が1位2位になるという珍しい結果になった。

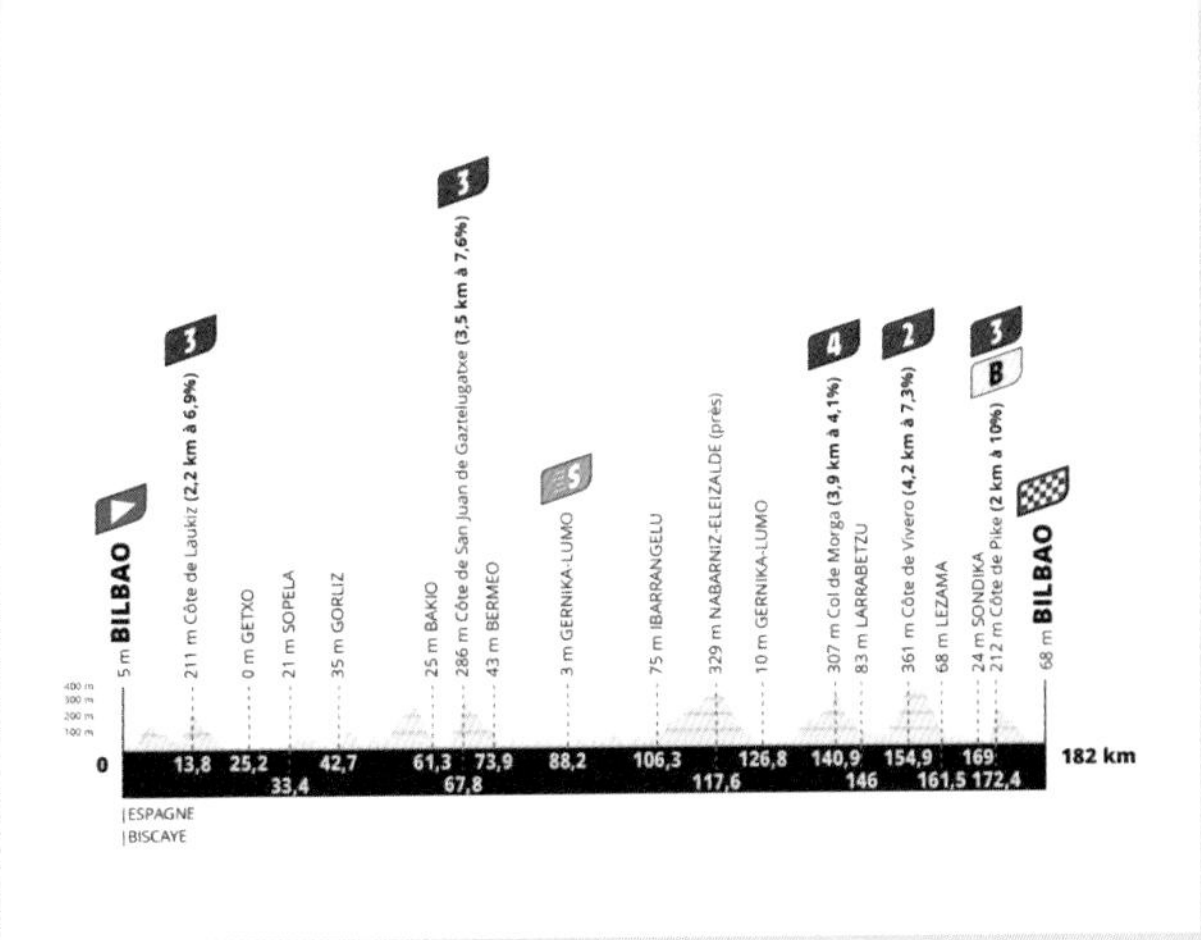

©A.S.O.

START/FINISH

ビルバオ

バスク州ビスカヤ県の県都。バスク地方最大の都市で、グッゲンハイム美術館に代表される文化の町として、世界中から観光客を集める。美術館前の広場は今ツールにおいてチームプレゼンテーションの会場となり、第1ステージのコースの一部としても取り入れられた。その都市計画と建築も名高い。

ステージ順位 TOP3

1	YATES Adam	UAE Team Emirates
2	YATES Simon	Team Jayco AlUla
3	POGACAR Tadej	UAE Team Emirates

ポイント賞

YATES Adam

山岳賞

POWLESS Neilson

ヤングライダー賞

POGACAR Tadej

総合順位 TOP3

1	YATES Adam	UAE Team Emirates
2	YATES Simon	Team Jayco AlUla
3	POGACAR Tadej	UAE Team Emirates

第1ステージ　ビルバオ　7月1日

大いなる旅立ち

ビルバオにやってきて三日目*、今日からツール・ド・フランスが始まる。「フランス一周」を意味するレースなのに、始まりの地がスペイン・バスク地方の中心都市ビルバオであるとはいったいどういうことなのか。

3週間にわたるレースの開幕ステージを、「グランデパール《大いなる旅立ち》」と呼ぶ。このグランデパールが外国になるケースは、結構多い。というのも、一度レースが始まるとフランスと国境を接している国にしか動線上は立ち寄れないが、開幕直後の数日間を外国のステージにし、その後早めの移動日を設定してしまえば、遠隔地でもツールをホストすることができる。1954年にオランダ・アムステルダムが初めてフランス外でのグランデパールとなって以来、2023年のビルバオは実に24回目。2022年にはデンマークのコペンハーゲンでグランデパールを迎え、大会最初の三日間、デンマーク国内を走るという設定だったが、大会四日目には移動休息日が設けられた。チーム関係者やメディアは陸路900kmという移動**を強いられたこともあり、大会1週目

* ボルドー泊の翌日にビルバオに到着し、プレス登録を済ませ、その日の夜は市街地で出場全選手が紹介されるチームプレゼンテーションのショータイムに出席。そのまた翌日は一日フリーで、大会関係者への取材などをして過ごした。あっという間に三日目である。

** 選手やチーム首脳陣は空路で移動する。

にも関わらず疲弊した表情が多かった記憶がある。昨年に続いての外国グランデパールに今年ビルバオが選ばれたのだが、これはスペインとしても史上2回目のことだ。

毎年コースが変わる理由

ツールが毎年異なるコースをとるのには理由がある。ツールでは移動そのものが競技だから、毎日のスタート地点とフィニッシュ地点は違う街になる。

自治体にとって、関係者だけで数千人が動く大会、それを観に来る観客も万単位、さらに世界でのべ20億人が観るといわれる中継映像が街の史跡名所をテロップ付きで大写しにするのだからその経済効果は計り知れない。ツールの主催者が地方の自治体に頼み込んで「使わせてもらう」のではなく、各自治体がツールに「使ってもらう」ためにおらが街を売り込むのだ。あちこちの街は、ツールを呼び込もうと必死になる。観光大国フランスにおいて、自治体の観光戦略とぴったりはまるのがツールの「スタート／フィニッシュ誘致」なのである。そこには多額のお金が動き、その売り上げはツールの収益の少なくない割合を占めると言われる。ちなみに、スタート地点よりもフィニッシュ地点をホストする方が高くつくらしい。一日4時間は続くツールを、スタートから観続けられる人は多くないだろうが、華やかなフィニッシュシーンは多くの人が見たがる。選手の勝ち星は、その町の名前とともに記憶されることもしばしばだから、フィニッシュ地点のバリューは高いのだろう。諸外国にとっても事情は同じだ。昨年のコペンハーゲンは、自転車の街として知られる同市を世界に高らかにアピールする格好の機会となった。沿道にいるファンの多さに、デンマークが「自転車の国」だというイメージが強化された。観光戦略*としてもイメージ戦略としても、抜群に機能したわけである。

スタートの雰囲気

今年の最初の地はビルバオ。グランデパールであることで、レース開始前にすでに二日間を過ごしたが、やはりツール開幕当日の熱気はものすごい。昨日は閑散としていたサン・マメススタジアム周辺は人でごった返している。昨年フランスのどの町で見たスタート地点より人が溢れんばかりで、かつてイタリアのシエナ・カンポ広場で見たパリオ**という伝統あるお祭りを思い出させた。

ツールの朝は早くない。スタート時間はだいたいお昼ごろだから、選手たちは朝10

* ガイドブックに載るようなフランスの大都市がツールをホストすることは意外に少ない。そもそも知名度が高くツールでの露出が不要なのかもしれないし、大都市であるほどレースの開催が大変だという事情もある。入り組んだ都市部では交通渋滞を免れず、安全性の観点でも不安が残る。スタジアムスポーツと違い、あらゆる街中が会場になりうるツールは、テロや活動家の対象にならないとは残念ながら言い切れない。そんな訳だから、ツールをひととおり観ることは、いまフランス（と近隣諸国）で観光に力を入れている小中規模の村や町を知ることにもなる。

時頃になって会場にやってくる。チームで自転車の整備を担当するメカニックや選手の補給を担当するマッサージャーといったスタッフたちは、選手たちが到着するときまでにバイクや補給食の準備をある程度終えておきたいため、もう少し早めにやってくるが、それでも早朝ということはない。このタイムスケジュールは、レースのフィニッシュ時間に合わせてのものだ。一日200km弱を5時間ほどで選手たちは走り切るのだが、テレビ放送の都合上、フィニッシュ時間は夕方が望ましい。仕事を終えた人たちが家でテレビをつけるであろう17時半ごろに多くのステージがフィニッシュするよう段取りが組まれ、その日のコースの距離に応じてスタート時間が決まる。160kmほどの短いステージではスタートが午後になることも珍しくない。

チームバスで会場にやってきた選手たちは、戦闘服であるチームジャージに着替えたり、そのジャージにゼッケンをピン留めしたり、必要ならウォーミングアップをしてスタートを待つ。かつてのツールは一日の距離が長く、ステージの前半は暗黙の了解でゆっくりと進行することが多かったから、そこで選手たちは足を温めればよかった。だが、近年のツールは距離も短く、序盤から激しい攻撃合戦になることが多いので、レースの中でウォーミングアップができるほど悠長なものではなくなっている。

** イタリアの各地で行われる競馬。それぞれの町の地区対抗となるのが特徴で、シエナのものが特に有名。世界一美しい広場と称されるカンポ広場に、パリオ当日は3万人以上がごった返し、その周囲を競走馬が駆け抜ける。集まる人の密度がとにかくすごい。

また、会場に向かうバスの中でSNSのチェックや、自身について書かれたネット記事、あるいはツールの中のゴシップなど、目を通さなければならないものも多い。まったく忙しい時代になったと、昔気質の選手なら嘆息するだろう。それはあらゆる情報を見逃せない取材陣にとっても同じである。

ウォーミングアップを終えた選手たちは、チームで集まってステージで顔見世を行う。スタート地点に集まる熱心なファンのお目当ては、出場全選手が登場するこのチームプレゼンテーションだ。かつては出走前にサインを行うのが、選手の顔見世の機会だったが、コロナ禍を経てサインの慣習は無くなった。今はより華やかなチームプレゼンテーションになったが、大会主催者のタイムスケジュールにはいまもこの時間は「出走サイン《Signature》」と書かれている。習慣は消えても言葉は残る。

ツールの取材スタイル

我々のようにクルマで取材するメディアは、選手たちがスタートする前にコースに繰り出す。先回りをして撮影に適したスポットで待ち構えるのだ。そして一度撮影をしたら、再び先回りして選手たちを迎え撃つ。コースのレイアウトにもよるが、一日に2～4回こうやって撮影するのが基本的な動きとなる。コースの中を走って選手たちを追い抜くことが許可されていないため、2回目以降はコースの外を迂回して先回りすることになる。どんなルートをとるか、どうやって撮影回数を稼ぐかもフォトグラファーの腕の見せ所だ。スタジアムスポーツではありえないスキルを問われるわけだが、運転好き・地理好きの啓兄にとっては得意分野。「むしろこの行程こそが楽しい」という人種である。前日までにGoogle Mapでヴァーチャルロケハンをし、レース当日に各国のフォトグラファー仲間たちと話しながら、どこで撮影するかを決めるのだという。

そんな啓兄がこの日最初にクルマを停めたのは、アストラブデュアの町。レースコースのおよそ20㎞地点だ。大きな陸橋が架かっていて、いかにも写真映えのしそうなロケーション。この町の人たちがみんな出てきたんじゃないかと思うほどに、陸橋の上も下も観客で埋め尽くされていた。選手たちがやってくるまであと20分くらいだろうか。この間に、良い撮影スポットを見つけないといけない。僕は写真に関して、まったくの素人である。このツールを観るのを楽しみに沿道に繰り出してきた人たちを押しのけてまで写真を撮る道理は僕にはない。極力みんなの邪魔にならないように写真を撮ろうと思うが、それはそれでいい場所がない。人が密集しすぎていて、沿道にはまったく隙間がないのだ。こうした事態はツール取材時には毎回のことなのでいくつか戦略がある。

1　観客にフレンドリーに話しかけて打ち解けた後に、写真を撮りたいのだけど場所がなくて……と困り顔をする。

2　逆張りして人のいない高台や斜面などに位置取る。

3　諦めて人垣の後ろから、隙間にそーっとレンズを差し込んで撮影する。

1は効果的なのだが、ここはバスク地方。スペイン語もバスク語もできない僕にはコミュニケーションの手段がない。若者であっても英語が達者な人が少ない地域だ。2はしばしば消極案として採用して、駄作を多数生み出すことになっているのだが、この場所に関しては使えそうなスペースもない。ということで、3を採用。案の定、撮った写真には前の人の後頭部だったり、スマホだったりが入り込んだ。これが3週間で最初の撮影だと思うと、先が思いやられる！

前年に撮った駄作の例。中途半端な斜面に陣取ったため、選手の到着に合わせ立ち上がった前の観客の後頭部がフレームインしてしまった。

コースの外から先回りをして、次の撮影スポットとして啓兄がクルマを停めたのは、バキオという町。眼下にビーチの広がる、海岸沿いの崖の上の街といった趣だ。ツールのコースが海岸線沿いに走ることは意外と少ないので、海を絡めた写真を撮りたいのだろう。天気こそ、バスクらしく生憎の曇り空。だが、この町の人々が総出で沿道に繰り出しているようだ。突然現れたシトロエンから、日本人が降りてきたのにはひととき奇異の眼差しを向けたが、すぐに上空を飛ぶヘリコプターに関心は移った。空撮でレースを撮り続けるヘリコプターは、選手たちがまもなくやってくる合図なのだ。

こちらがカメラを構えていると、「フォト、フォト！」と対岸から声がする。10代後半の男女のグループが、私たちの写真を撮って！　とアピールしている。そのうち何組かはカップルのよう。思春期真っ只中な彼らの毎日に、たまたまツールがやってきたというわけだ。彼らにはこのあと、バスクに残るか、それともスペインの他の町へ出るか、あるいは海外へ行くのか、選択が待っている。ひとつになってしまったヨーロッパでは、どんな町でも多かれ少なかれ若者が直面する人生の決断がある。今日のバキオでの、ホームタウンの恋人とツールを観た一日を、彼らは将来、どんな風に思い出すのだろうか。ツールはこうやって、いろんな人の人生に少し触れながら、パリを目指す。

話題の尽きない1日目

この日最後の撮影ストップは最大の勝負どころ、ピケ峠だった。フィニッシュまで残り10km地点にある、登坂距離2km、平均勾配10%の3級山岳*だ。初日ステージ優勝を狙う選手、すなわち「マイヨ・ジョーヌ」の栄光を夢見る選手にとって攻撃の仕掛けどころ。激しいレースが展開されることを、バスクのファンたちもよく知っていて、

* ツールではポイントとなる上り坂に級付けをして難易度を表す。登坂の距離や平均勾配を考慮したカテゴリー分けで、低い方から4級、3級、2級、1級となる。さらに最難関の山岳は超級と呼ばれる。このピケ峠の場合、平均勾配10%はかなり厳しい上りだが、距離が2kmと短いことで3級になったと思われる。これが7km続けば1級だろうし、15km続けば超級でおかしくない。

ビルバオのスタート地点よりも観客でごったがえしていた。ここは峠道だから、町もないし人家もほとんどない。集まっているのは「家の前を通るツールを見に来た」ライトな観客ではなく、「わざわざ人里離れた山の中までツールを見るためにきた」コアな観客たちである。

アルプスだと関係車両をバンバンとお構いなく叩きまくるおおよそフーリガンと言ってもいい酔っ払いが一定数いるものだが、ここではハメを外す人間はいない。バスク人は温厚で慎み深い国民性と言われるが、これがそのことを示しているのだろうか。とはいえ、こんな峠まで来るくらいだからレースを間近で見たい人たちだ。選手に先立って通過していく関係車両とほとんど接触しそうなくらい沿道から道路へと乗り出していて、選手たちが走れるスペースがあるのか、ちょっとハラハラする。バスク人たちのお祭り会場と化したピケ峠で、どこに陣取ろうか悩んでる様子の女性2人組がいた。ワンピース姿の服装も町中にいる素敵な女性のそれで、気合が入った自転車ファンには見えない。この峠にピクニックに来て、たまたまツールの一団に遭遇してしまった、という風情である。

「人の数がものすごいですね」と声をかけると「Sorry?」と怪訝な顔をされた。その間に僕の首にぶら下がっているプレスパスを見て察したらしい。「あなたはジャーナリストなの？」と逆に聞き返される。スペイン語のイントネーションがない流暢な英語を話すのは、マヤさん。このツールを直に見たくて、ピケ峠までやってきたのだという。「選手たちを応援したいの」という彼女がカバンから取り出してみたのは、大きなデンマーク国旗だった。さすがにこのバスク人たちの人混みの中で国旗を掲げて歩くのは主張が強すぎるだろうな、と思っていたら「イクリニャ*と色が似ているから紛れないようにしっかり広げなきゃ！」と嬉々として言う。夏にはテレビでツール観戦を楽しむ家庭で育ったというマヤさんは、ビルバオで仕事をしている友達を訪ねるタイミングをツールに合わせたらしい。街中ではなく、わざわざこの山中に来る熱心さ。デンマークは2022年のツールのグランデパールになったこと、そしてデンマーク人のヴィンゲゴーが優勝したこともあって、空前のロードレースブームに沸いている。それでも、遥かビルバオまで直にツールを観に来る人はそう多くないだろう。

登り坂、それもレース最終盤だから、選手たちはバラバラになってやってきた。先頭でやってきたのは、ヴィンゲゴーとポガチャル。2022年の総合優勝者と2位の選手が、大会初日から勝負どころで火花を散らした格好になった。沿道のファンたち

* 赤と緑と白で構成されるバスクを象徴する旗。バスク地方のレース沿道には数え切れないほどこの旗がはためく。

の迫り出し具合はこの時ピークを迎えたが、バスクのファンたちは距離感を心得ているのか、選手と接触するようなトラブルは見ている範囲では一切なかった。ただ、選手たちには前を走る選手を追い抜けるだけのスペースもなかった。観客が多いことによる影響は、この後大会が進むにつれ無視できないものになっていく。

この日の結果は、ツール史上に残るような珍事が起きた。山頂からフィニッシュまでの下りで有力選手たちが合流し、最後はUAEチームエミレーツのイギリス人、アダム・イェーツが勝ったが、2位が双子の兄弟のサイモンだったのだ。以前から瓜二つで知られていた2人が最終盤に抜け出して優勝争いを演じてみせた。かつて同じチームに所属していた2人だが、数年前に袂を分かち、今ではいいライバル関係にある。勝ったアダムはポガチャルのチームメイトで、チームの第2エースを務める選手だ。2位になったサイモンはオーストラリアのチームでエースを担う。総合優勝候補の山頂での熾烈な争いの後にやってきた双子のワンツーフィニッシュ。こんなに話題豊富な大会一日目は珍しい。

珍しいといえば、今日はスタート地点とフィニッシュ地点が同じ街だ。ホテルのチェックインに急ぐ必要がないので、レース終了後も時間にゆとりがある。むしろ少し時間を持て余したので、この間にポッドキャストの収録を行う。というのも、ここスペイン・バスクではレストランが開く時間が遅い。20時になってようやくレストランが開き始める。遅い夜はこれから始まるが、夜更かしはできない。なんといってもまだ大会初日なのだ。

海を見下ろすバキオの町。イクリニャがそこかしこに掲げられている。

沿道で歓声を挙げていた若者たち。彼らの日常に、ツールが通りがかった。

Etape 2

Vitoria-Gasteiz – San Sébastien

Dimanche 2 juillet

◀第2ステージ

ビトリア・ガスティス ← 208.9km サン・セバスチャン

第1ステージも厳しかったが、第2ステージもハード。バスクが誇るワンデイレース（一日だけのレース）「クラシカ・サンセバスチャン」のコースへのオマージュとして、最大の山場2級山岳ハイスキベルがフィニッシュ前およそ15km地点に待ち構える。山岳を生き抜いた24人の小集団から、伏兵ラフェがロングスパートを決め優勝。チームに実に15年ぶりの勝利をもたらした。

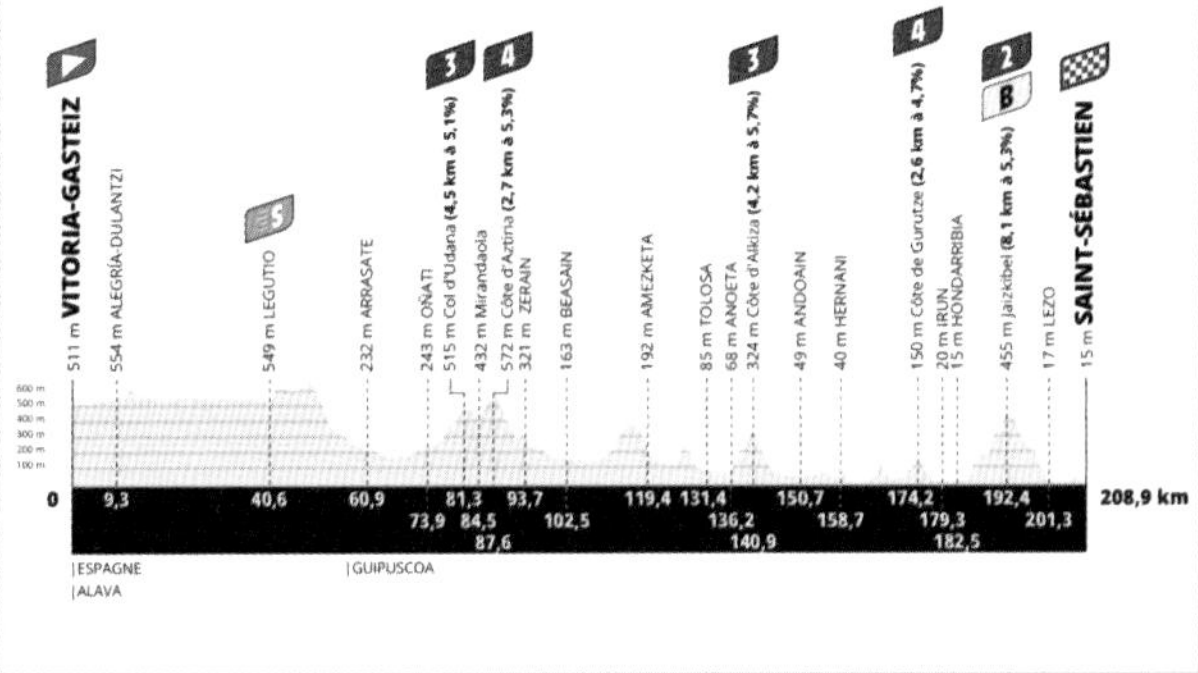

©A.S.O.

START

ビトリア・ガステイス

バスク州の州都にしてアラバ県の県都。バスク地方の政治の中枢。ツールがやってくるのは1977年以来2度目。世界でも珍しいトランプ博物館がある。

FINISH

サン・セバスチャン

世界に知られる美食の町。ギプスコア県の県都。開放的なビーチが広がり、ジャズやクラシックなどの音楽祭も毎夏開催される。バスク語名称ドノスティア。

ステージ順位 TOP3

1	LAFAY Victor	Cofidis
2	VAN AERT Wout	Jumbo-Visma
3	POGACAR Tadej	UAE Team Emirates

総合順位 TOP3

1	YATES Adam	UAE Team Emirates
2	POGACAR Tadej	UAE Team Emirates
3	YATES Simon	Team Jayco–AlUla

ポイント賞

LAFAY Victor

山岳賞

POWLESS Neilson

ヤングライダー賞

POGACAR Tadej

第2ステージ　ビトリア・ガステイス～サン・セバスチャン　7月2日

ドノスティア・クラシコワ

スタート地点、ビトリア・ガステイスはバスク州の州都にして政治の中心地。ビルバオから50㎞ほど南下した内陸の街である。ここを出発して、一路北東の景勝地サン・セバスチャンを目指す208・9㎞がこの日のコース。バスクが誇る内陸部の丘陵地帯をひたすらに走るというものだ。

前日ほどではないにしても、上り下りが激しく、選手たちにとっては油断のできないステージが続く。この日のコースは、バスク地方で最大の自転車レース、「ドノスティア・クラシコワ」のオマージュ。自転車界では3週間をかけて走り続けるツールのようなレースをステージレースと呼ぶが、一日だけで勝敗を決めるレースはワンデイレースと呼ばれる。当然、無数のワンデイレースが世の中に存在することになるが、その中でも歴史があり、難易度の高いレースのことをクラシックレースという。

「ドノスティア・クラシコワ」はバスクだけでなく、世界のレースシーンを見ても格の高いクラシックレースであり、その最大の勝負どころ「ハイスキベル」の登りは今回のツールでもそのまま取り入れられた。かつてこのレースは「クラシカ・サン・セバスチャン」というスペイン語の名前で親しまれていたが、近年はバスクのレースであることの価値を打ち出すためか、バスク語での「ドノスティア・クラシコワ」という名称で呼ぶようになってきた。このことは、2000年代から始まった「バスク地方ブーム」と無縁ではない。この時期、世界的にバスク地方の認知度が上がった。その理由は美食にある。新鮮な魚介をふんだんに使用する伝統的な料理に加え、前衛的な調理法*を用い食をエンターテイメントとして発展させた、新しいバスク料理が台頭。たちまち世界中の注目の的となった。そんなバスク地方の食の都が、この日のフィニッシュ地点サン・セバスチャンなのだ。

サン・セバスチャンの観光局サイトには、「人口20万人に満たないこの街とその周辺に、ミシュランの星付きレストランが8つもある」と誇らしげに書いてある。かつて暴力的な独立運動で物騒な印象が強かったバスクに、美食というイメージが上書きされ、世界中から観光客を集めるまでに治安と経済が回復しているのだ。政情不安ゆえに、ツールは1992年以来30年以上もバスク地方を訪れずにいたが、時代は美食

* スペインの美食文化をリードしたカタルーニャ州の「エル・ブジ」は科学的なアプローチで皿の上に芸術を生み出す前衛的な料理で知られ、バスクの料理人にも大きな影響を及ぼした。サンセバスチャンには食の大学「バスク・クリナリー・センター」が設立され、バスク州は前衛・伝統含めスペイン食文化の中心地となっている。

に導かれ変わった。バスクの人々は、自らがバスクの文化の担い手であることに誇りを感じ、世界にそれを発信するべく「バスク語」というアイデンティティも前面に出すようになってきた。「ドノスティア・クラシコワ」もその流れで、世界中の注目を集めるレースがバスクのものであることをアピールしている。ちなみにこのレースは、毎年ツールが終了した一週間後に行われ、自転車熱が高いままのファンが熱い視線を注ぐ。

ツールという文化事象

スタート地点のビトリア・ガステイスは、スペイン語（カタルーニャ語）の呼称ビトリアとバスク語呼称のガステイスを併記したもの。名称からも政治の中心地としての事情が垣間見える気がする。

この日最初の撮影ストップは、20kmほどコースを走ったところにあるゲバラの村の外れ。村の小さな教会の鐘楼の後ろには、赤い屋根をした愛らしい家屋がいくつか並んでいるのが遠くに見える。さすがにここまで郊外の農道脇に、人はほとんどいない。いい写真が撮れそうである。この場所を選定した啓兄も、早くもいい場所を引き当てたと満足げであったが、選手たちの集団がやってくるまさにその時になって、空が曇ってしまった。それまでは太陽の光が燦々と眩しいほどだったのに、天候の変わりやすいバスクはフォトグラファー泣かせである。僕はというと、薄暗くなった光景の中で、教会の鐘楼にだけ陽の光が差しているそのコントラストがエル・グレコの絵画を思わせて、感心するなどしていた。あれは確かトレドの町並みを描いたものだったと思うが、こういう気候が画家にインスピレーションを与えたのだろう。

田舎の風景を撮った後は町中での撮影だ。スタートから96㎞地点のセグラは、ギプスコア県の小村といった趣。今年のツールが始まってから初めてこうした小さな村で止まったが、これこそが個人的なツール取材の醍醐味。ガイドブックに載ることのない、日本では誰も名前を知らないような町や村を訪れることができる。ツールがやってくる日は町や村を挙げてのお祭りだから、たくさんの住人たちが通りに出ている。大体の場合、彼らはそこそこに酔っていて、異国からの訪問者に、わが町を自慢しようと朗らかに話をしてくれる。ツールを追わなければ出会うことのない彼らヨーロッパの市井の人々との、こうした束の間の触れ合いがたまらなく好きだ。そしてここにこそ、ツールというスポーツイベントでありながら「文化事象」と呼ぶしかないものを追いかける理由がある。

コースに面した家の壁には、ヨン・イザギレとワウト・ファンアールトのツーショット写真が大きなバナーとなって掲げられている。ヨンは、移動日のワインラベルで話題になったゴルカ*の弟。啓兄が住人の人に聞いたところによると、ここから数キロ離れた村の出身らしい。ほとんど地元選手というわけだ。

ビーチリゾート、サン・セバスチャン

3箇所目の撮影ストップは131km地点、オリア川沿いのトロサ。ここはセグラよりもだいぶ賑やかで、やっぱり沿道にはたくさんの住人が繰り出していた。

ここで写真を撮るかと腰を落ち着けた眼の前はピザ屋さんで、電話一本でピザをデリバリーしてくれそうな「テレピザ」という名前の店だった。このテレピザの上階はマンションになっていて、2階のバルコニーでは若い女の子が今から来る選手たちをぼーっと待っている。今どきの子ならスマホをいじったりしそうなものだが、彼女はずっと頬杖をついて選手がやってくる方向を見続けている。もう15分くらい微動だにしない。根気強いのか、よっぽど暇なのか。

* ビルバオの最初の夜に入ったレストランのワインラベルに「ゴルカ・イザギレ」と書かれていて、自転車関係者で囲むテーブルは笑い合った。現役のバスク人選手に捧げられたワインかと思いきや、同姓同名の醸造家によるものだという。日本でも買えるようだ。

先ほどから降ったり止んだりしている雨が、ここでざあっと強く降り出した。雨には慣れっこで、濡れ鼠になっても気にしないバスクの人たちも、さすがにこの雨足は堪えたとみえて、次々に傘を開き始めた。みんな傘を持っていたのか。すると選手たちの到着を告げる関係車両がようやくやってきた。待ってましたと、にわかに町がざわめき出す。ふと視線を上げると、2階の彼女はもういなかった。ちょうど選手たちがやってくるタイミングで部屋に引き上げてしまったらしい。

結局サン・セバスチャン*を見下ろすハイスキベル山でも勝負がつかず、30名ほどに数を減らした小集団が町へやってきた。平坦路を得意とするピュアスプリンターは残っていないが、登りもこなせてスプリント力のあるポガチャルのような選手には願ってもない展開だ。しかし、誰もがフィニッシュラインが近づくまで力を溜めようと牽制し合った一瞬のスキをついて、コフィディスのフランス人選手ヴィクトル・ラフェが残り800mから飛び出して、そのまま逃げ切ってしまった。サプライズウイナーだが、ツールとしては、フランス人が大会二日目に勝ったということで、明日以降フランス入りすることも合わせて盛り上がる。年によっては、フランス人が大会3週目まで勝ち星を挙げられず母国の視聴率が伸び悩むこともあるくらいだから。

* サン・セバスチャンは大きな町だった。ビーチリゾートとしてスペインでも有数の観光地であり、その美しさはビスケー湾の真珠と称される。観光都市の宿命か、町並みは白く清潔で好感が持てる。しかし、同時に均質化した印象もある。それは、通行人の多くが英語を話しているからかもしれない。これまでに通ってきたどのバスクの町よりも、西欧的であった。

中堅選手ラフェの大舞台での勝利は確かに驚きだったが、思えば昨日のピケ峠でベスト2、すなわちヴィンゲゴーとポガチャルに登りで対等に渡り合ったのもこのラフェだけだった。調子こそ良かったものの、消極的な姿勢でイェーツ兄弟に勝利をさらわれたことを悔いており、今日は攻撃的に走ろうと決心しての勝利だった。そして最後まで足を溜め続け、ラフェに届かず2位になったのはファン・アールトだ。軒先に彼のバナーを掲げていたセグラの住人は、今日は彼に勝ってほしかっただろうが、惜しい結果となった。

17時すぎにレースがフィニッシュし、表彰式や勝利者インタビュー、記事書きなどが一段落するのはだいたい20時前である。夏のビーチリゾート、それもツールがやってきた日曜日ということもあって、有名なレストランは既に埋まっている。そもそもそんな高級店で食事できるだけの懐事情も無いのだが。

旧市街でふらりとバルに入ることにする。カウンターのガラスケースには色とりどりのピンチョスが並ぶ。どこか日本の寿司屋のカウンターを思わせるが、こちらはいたって親しみやすいカジュアルな店だ。ピンチョスは自分のお好みでサーブしていい、小さな串やフィンガーフード。スペイン料理を代表するもので、なんとその発祥はここサン・セバスチャンであるらしい。それにチャコリ*を合わせれば、至高の幸福である。チャコリは高いところから注ぐと、香りや発泡の具合が良くなるらしく、店員さんがグラスから30㎝もの高いところから正確無比にグラスを満たしてくれるのだった。ちゃんとこうした注ぎ方をしやすいような、チャコリ用の栓があるのも面白い。栓をしたままでも注げるように穴が空いている。ほろ酔いに任せて、チャコリ注ぎに挑戦してみたが、なかなかどうして上手くいき機嫌を良くする。

ゆっくり一つの土地を観光する時間のない取材旅行では、こうした些細な文化との接触が、何よりも楽しい。浅薄だとはわかっていても、現地の仕草を模倣して異文化を吸収した気になるのだ。

明日の第3ステージから、いよいよツールは「母国」フランスへと入る。いつものツールがやってくることへの安堵もあるが、今はただバスクを離れがたく思う。結局このあと3週間、ことあるごとに我々は「バスクは良かったなぁ」と口を揃えることになるのだが、これはやっぱり、ツール取材におけるボーナスタイムのような滞在だったのだ。美食と人々の優しさは心に残る。

* バスク地方を中心に生産される若くフレッシュで微発泡のワイン。ほとんどが白ワインで、食前酒として飲まれる。バスク語ではチャコリン(Txakolin)。高いところから泡を立てるように注ぐやり方をエスカンシアールといい、スペイン北部アストゥリアス州の青りんご酒シードルの注ぎ方としても知られる。

バスク人ヨン・イザギレとベルギー人のワウト・ファンアールトが一緒に並ぶ。

Etape 2

愛らしい小さな町セグラ。一瞬で通り過ぎる選手たちを、人々は何時間も待っていた。

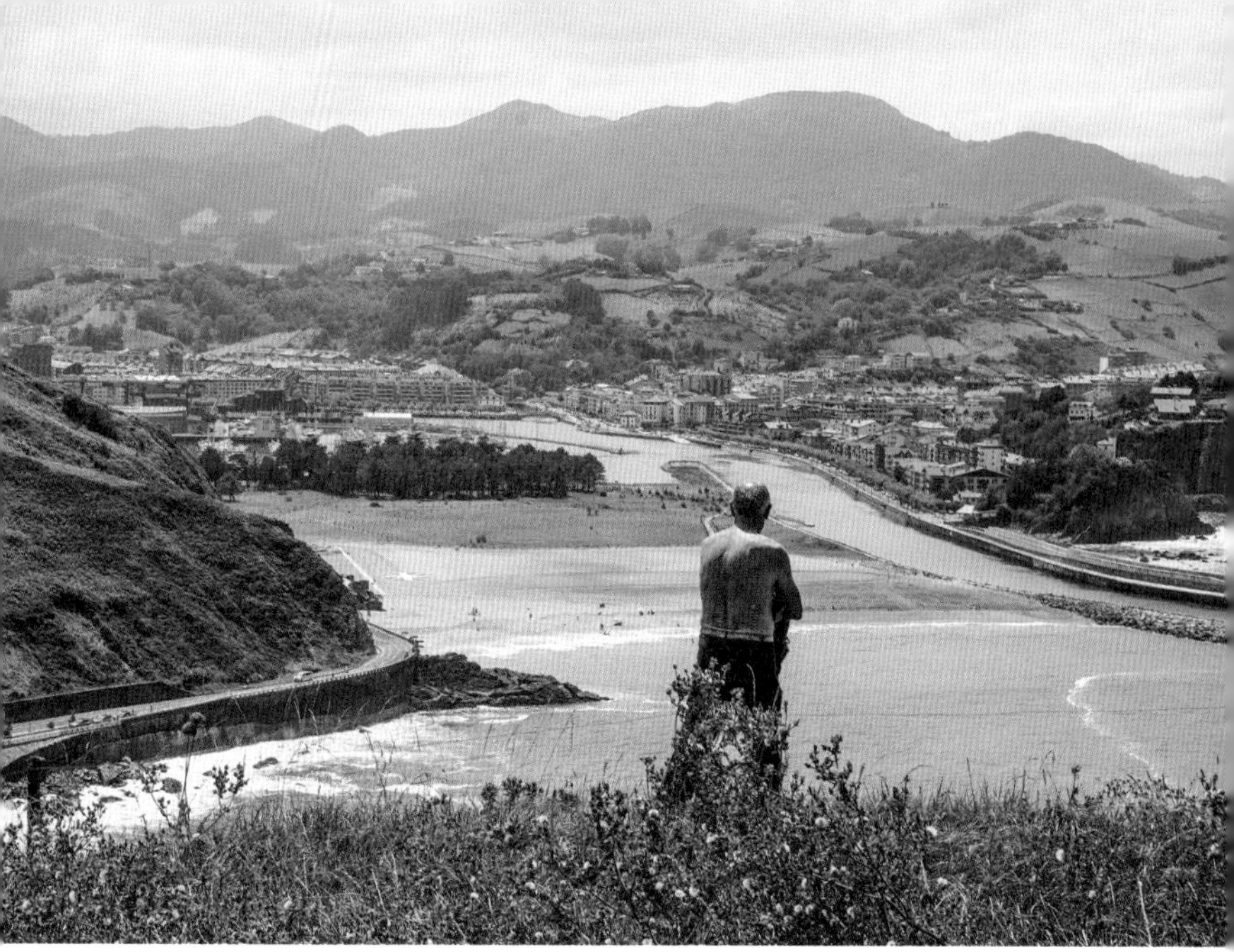

ずっと仁王立ちで、眼下にツールがやってくるのを待ちわびていた。

Etape 3

ヴィラージュの入口もオンギ・エトリ（ようこそ）とバスク語で書かれている。

Etape 3

Amorebieta–Etxano — Bayonne

Lundi 3 juillet

◀第3ステージ

アモレビエタ・エチャノ ← 187.4km バイヨンヌ

この日でスペイン・バスク地方と別れ、134km地点でフランスに入国する。フランスに入ってからのコース後半には大きな上りが無いため、いよいよスプリンターの出番。昨年のツールでポイント賞（スプリンター賞）を獲得したフィリプセンがその実力を遺憾なく発揮し、今大会初優勝。バイヨンヌはフレンチ・バスクと呼ばれる地域で、国は変われどまだバスク文化圏の中にある。

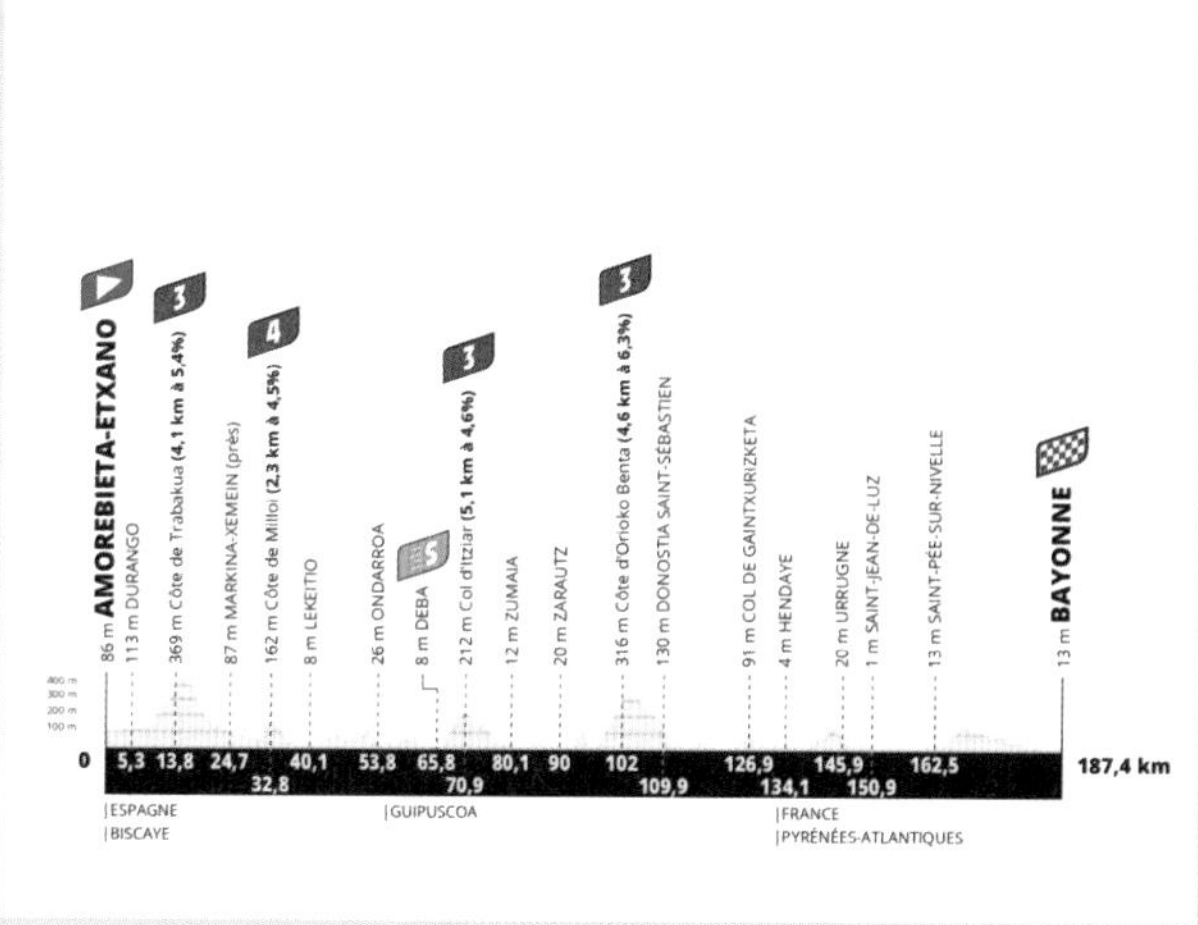

©A.S.O.

START

アモレビエタ・エチャノ

ビスカヤ県に属する人口2万人弱の町。パンデミックまではクラシカ・プリマヴェラという大きな自転車レースがここで開催されており、自転車熱は高い。

FINISH

バイヨンヌ

フランスの南西端に位置するフレンチ・バスクの中心都市。銃剣を意味するバヨネットはこの町の名から取られている。牛追いを含む盛大な夏祭りが有名。

ステージ順位 TOP3

1	PHILIPSEN Jasper	Alpecin-Deceuninck
2	BAUHAUS Phil	Bahrain Victorious
3	EWAN Caleb	Lotto Dstny

総合順位 TOP3

1	YATES Adam	UAE Team Emirates
2	POGACAR Tadej	UAE Team Emirates
3	YATES Simon	Team Jayco–AlUla

ポイント賞

LAFAY Victor

山岳賞

POWLESS Neilson

ヤングライダー賞

POGACAR Tadej

第3ステージ　アモレビエタ・エチャノ〜バイヨンヌ　7月3日

ようやくフランスへ

開幕前から五日間も滞在したビルバオのホテルをチェックアウト。ツールは今日からピレネー山脈の向こう側、フランスへと入る。その後はピレネー山脈とアルプス山脈を経てひたすらにパリを目指して北上する旅だ。すっかりバスクファンになってしまったけれど、勝手知ったるフランスへ入ることへの安堵もある。

スタート地点のアモレビエタ・エチャノは、ビルバオから20㎞ほど東に行った内陸の街。ここから北上してビスケー湾に出てからは、海岸線沿いにフランスへと東へ向かう。高速か下道かという違いはあるが、四日前にフランスからビルバオへ入った道を逆に進むことになる。世界一大きい自転車レースを追いかけているはずなのに、どこか同じようなところをぐるぐる回っているという印象もある。

今日は磯部くんのフィアット「ティーポ・クロス」に同乗して移動する。ツール取材の一日は、まず「ヴィラージュ」を訪れるところから始まる。スタート地点に設置され、フランス語で「村」を意味するヴィラージュは、大会スポンサーや関係者、ゲストたちが入れるエリア。飲み物や軽食の振る舞い、大会公式新聞「レキップ」や地方紙の配布、各スポンサーの出し物ブースなどで賑わい、大抵の関係者はここでスタート前までの時間を過ごす。がやがやとした様子はまさに村。各国のメディアもご多分に漏れず、ここで朝のコーヒーをいただきつつ、情報交換や取材を始める。

「ツール・ド・バスク地方」

最初の、そして唯一の撮影ストップはスタートから80㎞地点のスマイヤの町。ビスケー湾の青さと、久々の晴れ晴れとした空。絶景である。この日の撮影は一箇所のみと決めたので、選手の到着までも時間がある。海から一気に隆起した小高い山がこの風景を明媚なものにしているが、見上げると人がひとり山頂に佇んでいるのが見えた。レースコースを一望できる特等席だ。時間もあることだし、自分も登ってみることにする。高さは100mほどの、山というより丘なのだが、なかなか勾配がきつくひいひい言いながら登ると、果たしてそこは絶景であった。佇んでいたのは上半身裸の初老の男性で、こちらを一瞥したきり微動だにしない。強者の風格だ。

年度にもよるが、ツールが海沿いを走ることはそう多くない。六角形をしたフランス本土のうち、北西の2辺と、南東の1辺が海に面しているが、ツールの勝負どころが山岳地帯ということもあり、なかなか海辺を走るコース設定がされない。北西の2辺の大部分を占めるブルターニュ地方などは、近年ほとんどツールが通過しない「忘れられた地」になっていることが、ブルターニュ人にとって大いなる不満となっている。南西のピレネー山脈と東のアルプス山脈をつなぐルートとなると、海側まで出ていられないという地理的な事情もある。今日は数少ない海沿いの風景とツールを走る選手たちを収めようと、フォトグラファーたちも奔走したことだろう。

四日前に越えた国境のゲートを逆行すると、道路標識が一気にフランス語になった。しかし高速を降りて、フィニッシュ地点のバイヨンヌの街中へと入っていくと、なおも標識や看板には二か国語が併記されている。今度はフランス語とバスク語である。国境を越えても、バスク地方は続いているのだ。

バスク地方というと、どうしてもスペインの一部という認識をしがちだが、実はスペインと地続きのフランス南西部にも広がっている。「フレンチ・バスク」と呼ばれ、公用語こそフランス語であるが、初等教育ではバスク語も学び、地域差はあるが話者も少なくないという。

フィニッシュ地点にいた街の人に聞くと、「私たちもバスク人なのよ」と言い、プレスセンターではフレンチ・バスクの観光ガイドブックを配っていた。サン・セバスチャンやビルバオが観光都市として世界的に知られるようになり、バスクへの注目が高まっていることもあるのだろう。バスク地方の辺境にも思われるフレンチ・バスクも観光に力を注いでいるようだ。

世界に誇る大会であるツールがこの地を訪れることで、フランスという国の多様性を大いに示すことになる。昨日は「明日からはフランスだ」と呑気に考えていたが、その「フランス」とはどこにあるのかわからなくなる。フランスにこそ入国した今日のステージだが、結局のところ100%バスクステージだったというわけだ。つまりこの大会三日間は実質「ツール・ド・バスク地方」だった。* 17世紀のフランスの思想家パスカルの「ピレネー山脈のこちら側の真実が、あちら側では誤謬となる」（『パンセ』）という言葉を思い出しながら、国境の恣意性を思う。

* ちなみに「ツール・ド・バスク地方」というレースは存在する。毎年春に開催される1週間のステージレースで、スペインのバスク地方だけを巡る。

Etape 4

Dax — Nogaro

Mardi 4 juillet

◀第4ステージ

ダクス ← ノガロ

181.8km

フランス南西部をピレネー山脈を目指して内陸に進むコースレイアウト。地形こそ起伏に富むが、大きな山は無いため、再びスプリンターたちのためのステージ。フィニッシュのサーキットでの集団スプリントは落車が多発したが、フィリプセンがユアンとの接戦を制してステージ2連勝。優勝したフィリプセンは足が攣っていたが、勝ち切った。

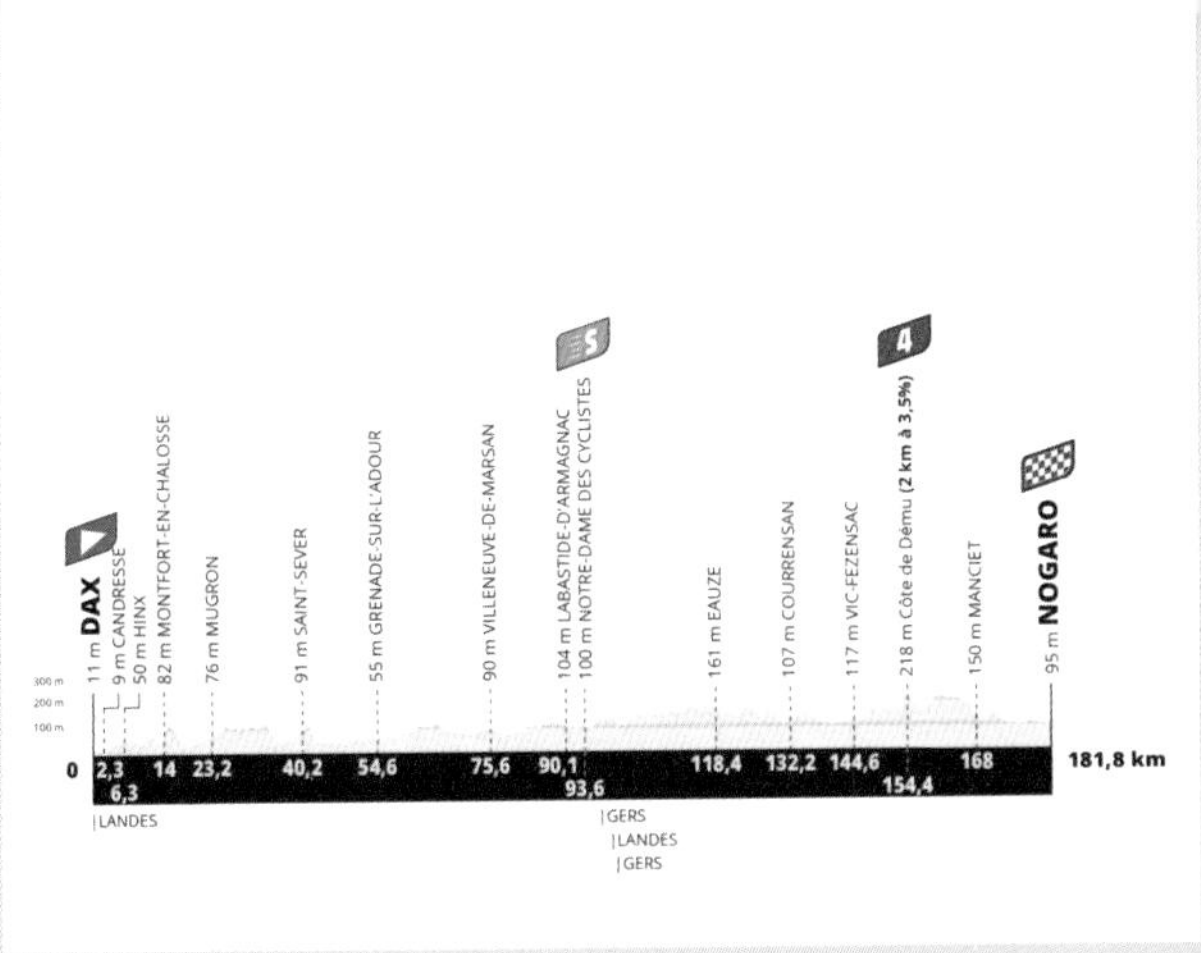

©A.S.O.

START

ダクス

人口2万1000人のランド県の町。ツールがやってくるのはこれで7度目となる。この地域の他の町同様に、闘牛場があり住民の娯楽となっている。

FINISH

ノガロ

人口約2300人のジェール県の町。フィニッシュ地点のノガロ・サーキットはノガロ出身のドライバーの名を冠したシルキュイ・ポール・アルマニャックが正式名称。

ステージ順位 TOP3

1	PHILIPSEN Jasper	Alpecin-Deceuninck
2	EWAN Caleb	Lotto Dstny
3	BAUHAUS Phil	Bahrain Victorious

総合順位 TOP3

1	YATES Adam	UAE Team Emirates
2	POGACAR Tadej	UAE Team Emirates
3	YATES Simon	Team Jayco–AlUla

ポイント賞

PHILIPSEN Jasper

山岳賞

POWLESS Neilson

ヤングライダー賞

POGACAR Tadej

第4ステージ　ダクス～ノガロ　　７月４日

フランス文化園へ

　前日のフィニッシュだったバイヨンヌから50㎞ほど北東のところにあるダクスの町がこの日のスタート地点。この50㎞という距離でバスク文化圏を出たようで、バスク語の標識表記は見られなくなった。文化圏として見るなら、このあたりのエリアはフランス「南西部《Sud-Ouest》」と呼ばれ、乱暴な分け方をすれば、フランスを四等分した際の左下のエリアがそれにあたる。夏の酷暑と人々の陽気さはこの地域を特徴づけるもので、実際に昨日からフランスに入ってからというもの、暑くてたまらない。バスク地方では総じて冷涼で雨が多いこともあり時に肌寒いくらいだったが、このフランス南西部はただ暑く、日差しも強い。

　人々の陽気さというのはもちろん一概には言えないのだが、日本人が「関西人は陽気でよく喋る人が多い」と感じるのと同じようなレベルで、この地域にはお喋り好きな人が多い。スペインとの国境も近いこともあってか、言葉の発音も母音が強く、アルファベットをローマ字読みする傾向もあるようで、そのフランス語は力強く響く。

大半のフランス人にとっては、南西部は「暑くて遠いところ」であって、関東に住む日本人にとっての九州に近いような感覚だろうか。特にこの日走るエリアは、フォアグラに代表される鴨料理とワインが有名だが、これも九州の鶏と焼酎というイメージと重なる。

この日ダクスのスタート地点に姿を現したのは御年94歳のアンドレ・ダリガド。ダクスの町外れ、ナロッス生まれで、地域名とその勇猛果敢な精悍さを合わせて「ランドのグレイハウンド」と呼ばれた名スプリンターだ。1950〜60年代のツールではステージ優勝を量産した。今朝の会場では、ともすれば現役選手より歓声を集めていたかもしれない。

受け継がれるツールの記憶

この地の自転車熱を感じさせる出会いがあった。この日ダクスのスタート地点、マチュー・ファンデルプールが所属するアルペシン・ドゥクーニンクチームのバスの前で選手の登場を待つ2人は、祖父と孫だろう。面立ちが似ている。祖父が着用しているサイクリングジャージは、往年の名選手レイモン・プリドールがかつて所属していたチームのジャージだ。一方その隣の孫はマチューのチームジャージを着ている。実はレイモンの孫がマチューなのである。この祖父と孫は、それぞれの時代を代表するスター選手のジャージをそれぞれに着用してツールのスタート地点へやってきたのだ。
祖父に話しかけると、自身が今の孫よりも若かった頃に見たプリドールの話をしてくれた。それは１９６４年、彼がまだ10歳ごろの思い出だという。その日はバイヨンヌで個人タイムトライアルが行われ、アンクティル*は自身のチームのメカニックの不手際で落車をするという痛ましい一日だった。後年彼は、この日がなければ１９６４年のツールで勝てていたと述懐している。そんな歴史に残る日に、幼い祖父は家族に連れられ沿道でレースを観ていた……。

「あのレースのことは覚えているけれど、当時私はまだ10歳で、そのとき重大なことが起きていたなんて知る由もなかったね。その後、１９６４年のあの日の出来事の意味を知ったんだ」

もちろん、レイモンの孫が後年ツールのスター選手になることも、彼自身の孫がツ

* 113頁参照。

ールの大ファンになることも誰も知り得ない時代の話だ。今、目の前を選手が通過するたびに歓声を上げる孫を見て祖父は目を細めながら言う。

「この子は生粋の自転車オタクでね。選手のことはもちろん、選手が乗っている自転車まで何でも詳しいんだ」

「走りながら休む」ステージ

第4ステージは前日に引き続いての「平坦ステージ」だ。

ツールにはざっくり分けて、平坦ステージと山岳ステージ、個人タイムトライアルステージの3種類のステージ*がある。3週間の合計タイムで競う総合優勝に関して重要となるのは、山岳ステージと個人タイムトライアル。ここまででいえば、第1ステージと第2ステージだ。より本格的な山岳ステージはこのあとのピレネー山脈とアルプス山脈で待っているから、そこが勝負どころとなる。

一方の平坦ステージは、総合優勝を狙う選手たちにとっては成績を狙う日でなく、むしろ走りながら休む日だ。平坦ステージの主役はスプリンターと呼ばれる短距離を

* 平坦ステージは、文字通り平坦基調のステージ。ただ厳密な定義はなく、3～4級の山岳ポイントがいくつか入っていてもだいたいは平坦ステージとみなされる。山岳ステージは1級や超級の山岳ポイントを通過する登りの多いステージ。重量級のスプリンターと呼ばれる選手がフィニッシュまでメイン集団に残れるかどうかで区別されやすい。個人タイムトライアルは、選手がひとりずつスタートしていく特殊なステージでだいたい30-40km くらいの設定。ツールでは近年少ないが、チームタイムトライアルというチーム単位で争うステージも設定されることがある。

得意とするタイプの選手たちで、彼らは一般に筋骨隆々としていて山登りを苦手とするため、こうした平坦ステージでのステージ優勝に焦点を絞ってツールに出場している。ツールのステージ優勝は1勝でも大きな価値のあるものだから、世界のトップスプリンターたちがこぞって参加する。毎年恒例の最終日パリ・シャンゼリゼなどは、「スプリンターの世界選手権」と呼ばれるほど。

予想外の展開が生まれにくい平坦ステージの日は、取材班もどこか気が楽だ。道が狭く、人の多い山岳ポイントもないから、運転もリラックスできる。

ダクスを出てすぐ、ナロッスの街のロータリーを通過するときには、巨大なダリガドの像が見えた。自転車の造形も立派に作り込まれている。自転車選手がこんなにも郷里の英雄として扱われるということに文化を感じる。

平坦ステージはゆっくりした進行になりやすい。最後に頑張ればいいスプリンターたちは極力足を温存したがるし、総合成績を狙う選手たちは勝負どころまで無駄な疲労を避けたい。こんなステージでは値千金の勝利を狙って三下選手が飛び出すのが常だが、今日ではスプリンターを擁するチームがあまりに完成されているため、無謀な飛び出しが最後まで逃げ切れることはほとんどない。

逃げ切りを狙えるのは、スプリンターが坂でついていけない中級山岳ステージだが、登りがきつくなると今度は総合優勝狙いの選手たちがステージ優勝争いを始めてしまう。逃げ切りを狙いたい選手にとっては難儀である。そんなわけで、主だった登り坂のないこの日、第4ステージはとにかくゆっくりと進行した。まるで誰も、今日のステージ優勝を狙っていないみたいだ。

自転車乗りのための教会

この日の撮影ストップは93km地点のノートルダム・デ・シクリスト。* サイクリストの聖母教会である。この名前が気になって前夜調べたところ、1959年にカトリック教会に認められた自転車乗りのための教会だという。建物自体の由緒は古く12世紀まで遡るもので、1960年にはフランス政府によって歴史的建造物（モニュマン・イストリック）にも登録されている。

自転車の教会でいうと、イタリアのロンバルディア州、ミラノ郊外にあるマドンナ・デル・ギザッロ教会*はサイクリストの守護聖人を祀ることでよく知られている。この教会に触発されたマシー神父が、この地に同様の教会の設立を志し、時のローマ

＊ 1950年代以降を代表するフランスの偉大なチャンピオンたちのジャージや自転車を展示。壁には831枚のジャージが掛けられており、まだ200枚以上を所蔵しているという。ファウスト・コッピやジノ・バルタリ、郷里のヒーローであるルイス・オカーニャのステンドグラスが見もの。3月1日から10月15日の15時から18時まで開館。月曜休み。入場1€。

法王に認定してもらうために自転車でローマまで行ったというから、その情熱たるや人並み外れたものがある。そもそもマシー神父は、この着想を当時のツール主催者に伝えにパリへ赴いている。当時のツール総合ディレクターのジャック・ゴデは「トレビアン！」と賛意を示したという。そんな縁もあってか、1984年以来ツールはしばしばこの教会をコースに取り入れ、今年で5回目となる。名誉なことに、1989年にはステージのスタート地点にも選ばれた。

この1989年のツールは、最終日に僅差で大逆転が起きた、歴史上もっとも劇的な大会として知られている。その大逆転劇の萌芽がこの教会にあると、信心深い人は冗談めかして言うのだとか。この年のツールは、フランス人ローラン・フィニョンとアメリカ人グレッグ・レモンの熾烈な争いになり、その勝負は最終日パリまでもつれこんだ。あろうことか、個人タイムトライアルで終わるという異例の仕立てとなっていて、そして全フランス国民の期待をよそに、その日まで総合2位につけていたレモンが逆転。蓋を開けてみるとその差は8秒という劇的な幕切れだった。

実はこの年の第8ステージがここノートルダム・デ・シクリストをスタートする際に、レモンは自分のジャージを教会にプレゼントしたのだという。すでにサイクリストのための教会として、歴代のチャンピオンたち、――それこそプリドールやダリガドら――が寄付したジャージが壁面に飾られていた。

一方のフィニョンはジャージを渡すことを固辞した*。こうしてレモンは教会のご利益にあやかり、世紀の大逆転劇を演じることになったのだ、と。ややこじつけのような気がしなくもないが、そうでも理由をつけないと、フランス人たちは自国のヒーローの敗北を受け入れられなかったのかもしれない。

当然、この教会を見ることを楽しみにしていたのだが、意外なほどにひっそりとしている。門の前へ行くと扉は固く閉ざされていた。「ツールが通過したらまた開けます 16時頃」と張り紙がしてある。そりゃそうだ。ツールがやってくるというのに、教会の人たちも観に行かない訳がない。遠く日本からの来訪者は、とぼとぼと肩を落としてコースへ戻るのだった。

消沈しつつ向かったこの日のフィニッシュ地点ノガロは、クルマのサーキットだった。ノガロ・サーキットは、フランスで初めてのモータースポーツレースサーキットらしい。だが、ここの観客のお姉さん方が掲げているのは、闘牛士の写真。そういえば、今日のスタート地点ダクスも、闘牛場に併設していて、ダリガドの前に闘牛士の

* ちなみにジャージこそ渡さなかったフィニョンだが、後日教会に自転車を贈ったらしい。このことの方が大したことのようにも思える（あるいは、逆ご利益に恐れおののき、自転車を寄贈したのかもしれない）。

祖父はプリドール、孫はファンデルプール。受け継がれる自転車好きの血筋。

像を目にしていたのだった。

一日を通じてゆっくりペースだったからか、このサーキットに入ってきてからの集団のスピードは凄まじく、そして混沌としていた。落車が多発するスプリント勝負を制したのは、アルペシン・ドゥクーニンクのベルギー人ヤスペル・フィリプセン。昨日も彼が勝っていて、2連勝だ。その2勝ともに、チームメイトのファンデルプールのアシストがあった。きっと今日は、祖父とともに会場に来ていたあの少年にとって、忘れられない一日になったのではないかと思う。

交差点に立つダリガドの大きな像。黄色い看板がツールのコースを示している。

上：教会のドアは閉ざされていた。
「ツール通過後にまた開けます　16 時頃」
左：この地からはるばるイタリアまで
自転車を漕ぎ法王に謁見したマシー神父の像。

Etape 5

Pau — Larunce

Mercredi 5 juillet

◀第5ステージ

ポー ← ランス ……162.7km

レースはピレネー山脈へ突入。まずは標高1000mを超える峠が2つ登場する山岳ステージ。総合優勝候補の選手たちの仕上がりを見るうえで重要な一日。ステージは先んじて逃げを打ったヒンドリーが優勝しマイヨ・ジョーヌを獲得。その後ろでは、昨年の総合優勝者ヴィンゲゴーがライバルたちを引き離す走りを見せて、早くも総合2位まで浮上。昨年覇者の実力が浮き彫りとなった。

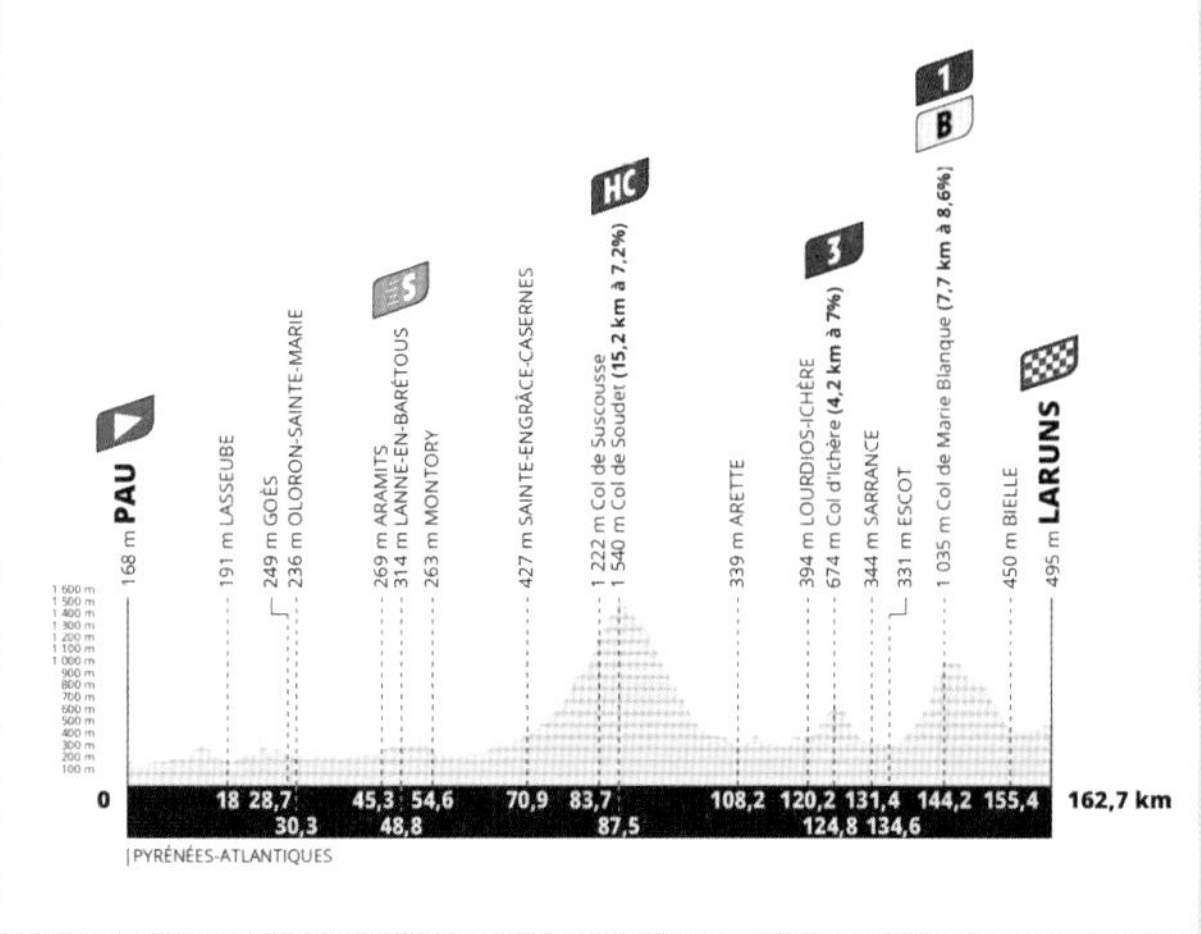

©A.S.O.

START

ポー

ピレネー＝アトランティック県の県庁所在地。人口約7万5000人。ピレネー山脈の麓に位置し、ツールではほぼ毎年立ち寄るお馴染みの町で、その数74回を数える。

FINISH

ラランス

ピレネーの山間にある人口1200人の小村。ツールには4度目の登場。2度の総合優勝（2020、2021年）を飾っているポガチャルが初めてステージ優勝した地でもある。

ステージ順位 TOP3

1	HINDLEY Jai	Bora-hansgrohe
2	CICCONE Giulio	Lidl-Trek
3	GALL Felix	AG2R Citroën

総合順位 TOP3

1	HINDLEY Jai	Bora-hansgrohe
2	VINGEGAARD Jonas	Jumbo-Visma
3	CICCONE Giulio	Lidl-Trek

ポイント賞

PHILIPSEN Jasper

山岳賞

GALL Felix

ヤングライダー賞

POGACAR Tadej

第5ステージ　ポー〜ラランス　7月5日

大会五日目にしてピレネー山脈にやってきてしまった。通常なら早くて2週目、場合によっては3週目の後半の勝負どころとなるものだが、今年はバスクスタートに合わせて早くもこの山場を迎える。

スタート地点の街ポーは、ピレネー山脈の玄関口。ツールではおなじみの街で、その訪問は今年で74回目。パリを除けば最多訪問都市となる。毎夏やってくるツールに住人たちも慣れっこのようで、様々な選手のサポーターたちがスタート地点に陣取っている。とりわけビニアム・ギルマイの周りは賑わっていた。アフリカ大陸の北東部に位置するエリトリア出身のギルマイは、ツールを走る選手の中で珍しい黒人選手だ。おそらく同国人であろうサポーターたちもみな黒人。

ツールはフランスのスポーツイベントでありながら、文化事象であると先に書いた。フランス全土を巡る自転車選手たちは、歴史的建造物や雄大な自然、あるいはそこに生きる人々の営みを通り抜けていく。だがここに、決定的に欠けているものがある。人種の多様性だ。フランスという国のある程度大きな規模の都市を歩けばわかることだが、街を行く人々の人種は多様だ。白人や黒人と言っても一様ではないし、アジア人もアラブ人もアフリカ人もいる。しかし、ツールの沿道で白人以外の人々、特に黒人やアラブ人、アジア人の姿を見ることは明らかに少ない。これは選手も同様で、１９０３年に始まったツールにおいて、アフリカ出身の黒人選手が初めて走ったのは２０１５年のことである。サッカーやラグビーのフランス代表チームの選手、そして観客層と比べて、ツールのそれは著しく多様性に欠けていると言わざるを得ない。

２０１５年以来、アフリカ出身の黒人選手は数名がツールに出場を果たしたものの、目覚ましい活躍をすることはできなかった。しかしギルマイは、おそらく歴史上初めてツールのステージ優勝を挙げた黒人選手として記憶されることになるだろう。

若干23歳の彼は、いまやトップスターに遜色ない実力を遺憾なく発揮している。過去にはベルギーの由緒正しいクラシックレースで勝利を飾り、黒人選手の新たな歴史を打ち立てた。あのマチュー・ファンデルプールを力勝負でねじ伏せたこともある。すでに母国エリトリアでは帰国時にパレードが催されるほどの存在になっているという。彼のステージ優勝や活躍が、ツールという革新の皮を被った保守的な文化事象のあり方を変えうる可能性は大いにある。*柔軟で切れのある走りが彼の身上だが、ヨー

* この日に限らず、今年のツールの沿道には緑・赤・青のエリトリア国旗を度々見かけた。独裁国家で政情不安定なこの国の人たちが、沿道でギルマイに託す思いも小さくない。彼が背負っているものの重さは計り知れない。

ロッパで走り続ける以上、単なる結果以上のものを背負わされる重圧もまた、常に感じ続けることになる。

今年はピレネー山脈のステージが、今日を入れて二日しかない。だから、フォトグラファーたちは「ピレネーらしい絵*」を撮るのに躍起になる。そんなわけで、この日の写真ストップは87㎞地点のスデ峠に決まった。標高1540mとすば抜けて高いわけではないが、登坂距離15㎞、平均勾配は7.2%という険しい山岳だ。しかしこの日はさらに2つの峠が後半に連続するため、スデ峠でレースが決まることはないだろう。比較的余裕をもって山岳風景に絡めた選手たちの写真が撮れそうだ。

スデ峠の山頂は霧に包まれていて、眺望はすっかり消えてなくなっていた。フォトグラファーには辛いところだ。個人的には、レースの厳しい雰囲気が増幅されるようで、霧の中での写真を観るのは好きだ。しかし選手たちにとっては、視界も悪く、そして体が濡れ体温も奪われるので決して嬉しい状況ではない。案の定、登ってくる選手たちの表情は、レースのまだ中盤にも関わらず険しいものだった。

この日はもうひとつ、「ピレネーらしさ」に遭遇した。スデ峠の撮影を終え、フィニッシュのラランスまではレースコース外の迂回路で移動する。山岳地帯なので道が

* 「ピレネーらしい絵」とは何か、というのは難しいテーマだが、アルプスとピレネーの違いというのは確実にある。どちらも標高の高い山岳の絶景が広がるが、岩盤のワイルドさや緑の濃さなどが違う。ピレネーの方が岩がゴツゴツとしていて、野趣に溢れている。アルプスは山岳スキーリゾート地となっているところも多く、街と山が密接な印象だ。あとはやはり観客。ピレネーには、スペイン人が多い。やはりというか、バスク人たちも多い。つい先日も多く見たオレンジ色のシャツや、赤と緑のバスク旗が多くはためいていたらそこはピレネーである。

少なく、メインの通りはレースコースになっているため、どうしても住民の生活道路のような細い道を走らざるを得ない。磯部くんは「こういう道こそ得意なんです」と言わんばかりにコーナーで時折タイヤを鳴らしながら峠道を快調に走っていたが、あと少しでラランスに着くというところで渋滞につかまってしまった。

はじめはすれ違いのための一時停止だろうと高をくくっていたが、これがどうしてか全然動かない。こんな山奥の細い道で渋滞……？　と訝しんでいると、その理由がわかった。前方に百頭はくだらないだろう牛の群れがいたのだ。牛飼いと牧羊犬が牛を寄せ少しずつ道を開いてくれて、前方のクルマたちとともに脇をすり抜けた。ピレネーでは羊飼いや牛飼いの文化が今も命脈を保っているのだ。

この日のステージ優勝は、総合順位でも上位有力候補のオーストラリア人、ジャイ・ヒンドレー。同時に総合リーダーの座につき、マイヨ・ジョーヌを獲得するという走りだった。その後方でお互いを見合っていたポガチャルとヴィンゲゴーだが、なんとポガチャルが失速。山岳初日にして、ヴィンゲゴーが53秒という大差を稼ぎ出した。予想だにしない展開に、もう今年のツールが決まってしまったのではないかと報道陣もざわついた。確かに去年の接戦を考えると、序盤にこれだけの差がつくのは驚きだった。だがツールは、まだ16ステージを残している。16日間もある！　冷静になると先が長くてクラクラする。毎日150km以上も走り続けている選手たちの体は、いやはや一体どうなっているのか。

霧で下界の見えないスデ峠。山岳に入ったので観客の奇異度が上がっている。

牛渋滞。ひとときのピレネー時間を味わった。

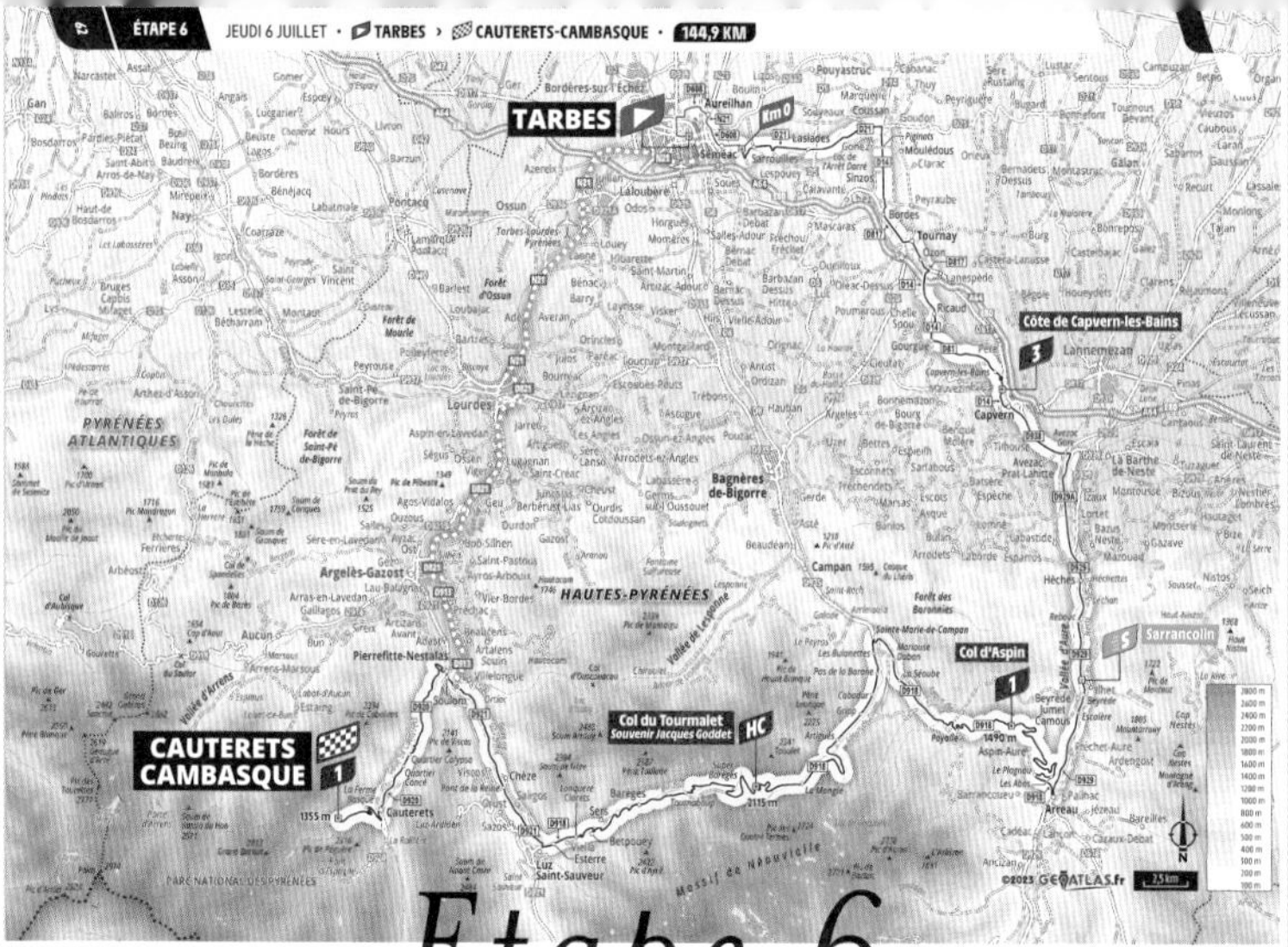

Etape 6

Tarbes — Cauterets Cambasque

Jeudi 6 juillet

◀第6ステージ

タルブ

←……144.9km

コトレ・カンバスク

ピレネー山脈シリーズの最後を飾る難関山岳ステージ。レース中盤に登場する超級（HC）のトゥールマレ峠はツールの歴史で数々の名勝負の舞台となってきた。レースはポガチャルとヴィンゲゴーの一騎打ちになりポガチャルに軍配。その他の選手は2分以上遅れ、早くも今大会はこの2人の争いとなった。ヴィンゲゴーはマイヨ・ジョーヌを保持したが、ポガチャルが25秒差の総合2位で続く。

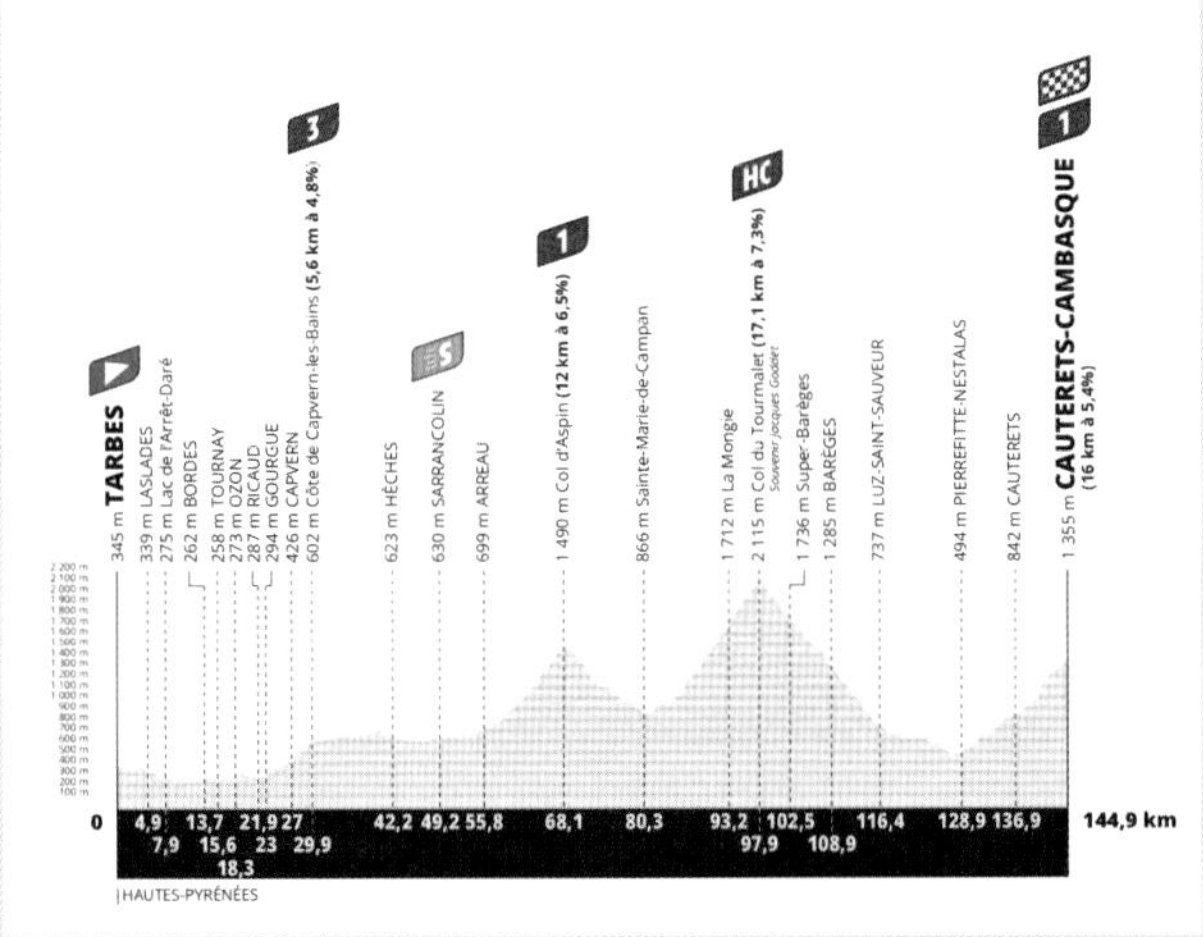

©A.S.O.

START

タルブ

オート＝ピレネー県の県庁所在地。人口4万4000人。タルブ豆と呼ばれるこの地域の煮込み料理に多く用いられる豆が名産。

FINISH

コトレ・カンバスク

標高1367mに位置するピレネーの小村。山間の温泉地であり登山客が訪れる山岳リゾートである。ツールを迎えるのはこれで5回目。人口900人。

ステージ順位 TOP3

1	POGACAR Tadej	UAE Team Emirates
2	VINGEGAARD Jonas	Jumbo-Visma
3	JOHANNESSEN Tobias	Uno - X

総合順位 TOP3

1	VINGEGAARD Jonas	Jumbo-Visma
2	POGACAR Tadej	UAE Team Emirates
3	HINDLEY Jai	Bora-hansgrohe

ポイント賞

PHILIPSEN Jasper

山岳賞

POWLESS Neilson

ヤングライダー賞

POGACAR Tadej

第6ステージ　タルブ〜コトレ・カンバスク　7月6日

「いまから不気味な町を通るよ」と運転席の啓兄が言った。最初は言っていることの意味がわからなかった。こんなに白昼、それもツールの開催に沿道が沸き立っている中で、不気味な町なんてあるものか？

第6ステージがスタートし、最初の撮影を終えた我々は、次の撮影ストップに向けてクルマを急がせていた。今日は早くもピレネー最終日。この後に待つ超級山岳トゥールマレ峠が遠目に見え始めてきたときに、啓兄は先ほどの言葉を放ったのだった。そして実際、サント・マリー・カンパンの村は不気味だった。軒先に〝物言わぬ人〟が吊り下げられていたり、佇んでいるのである。

それはよく見れば人形だった。目を凝らしてみれば、リアルさとは程遠いぬいぐるみ。だが、原寸大の人間の形をしている布の塊は、見る者の背筋を冷たくするのには十分だった。人間の洋服をそのまま着せているのも、不気味さを加速させている。しかしよくよく聞いてみると、これには不気味でなければならない理由があった。気味と趣味が悪ければ悪いだけいいい、そういうものらしい。

「ムナク」と呼ばれるこの人形は、この地域に特有の風習の名残だという。元来、集落内で婚姻関係を結ぶのが常識だったこの地の共同体の中で、村の外の人と結婚するということは不文律のご法度だった。財産が村外に流出することを嫌ったらしい。しかし人間の熱情は、しばしば規範を逸脱する。余所者と結婚することを決めた村人は、共同体において制裁を受けることになる。それが、「シャリヴァリ」と呼ばれる民族儀礼だ。カップルは結婚式の日まで一ヶ月にわたって、村人たちが夜に軒先で鳴らすカウベルの音など、どんちゃん騒ぎの洗礼を浴びる。その際に、結婚生活の労苦を表現した等身大のペア人形を軒先に吊るしたのが、この「ムナク」*の始まりらしい。

さすがに今日ではシャリヴァリの習慣こそ途絶えたが、サント・マリー・カンパンとその隣のカンパンは「ムナク」人形そのものは村の文化であるとして保存・展示を行っている。とはいっても、一年中軒先に吊るしているわけではなく（そうだったとしたら不気味過ぎる）、7〜9月の夏の間だけだという。

この不気味人形との出会いは予期せぬものだったが、この村でかねてから見たいものが僕にはあった。これもまたま人の形をしているのだが、ユジェーヌ・クリストフの立像だ。台座には「ここは歴史に残るツール・ド・フランス伝説の鍛冶場」とい

* 結婚式の当日を過ぎるとこの儀式は終わったという。おそらく後代にはだいぶカジュアルなものになっていったものと推察するが、最初の頃は本気で嫌がらせをしていたのだろうと思われる……。自由恋愛なんてものが本当に現代の産物であることを、この深い山間の村で感じたのだった。

う旨の言葉が刻まれている。原寸より幾分か大きいが、その右手には自転車のフォークが握られている。1913年のツールで、峠の下りで落車し、自転車のフォークを折ってしまったクリストフが、この麓の村サント・マリー・カンパンへ歩いて下り、鍛冶屋を訪ね自ら修理したという逸話は、ツールにおける伝説のひとつ。110年前、当時の選手たちは、降りかかるトラブルを全て自分で対処せねばならなかった。この年優勝候補だったクリストフはここで失った数時間を取り返すことができず、そして生涯ツールでも勝つことはできなかった。だが、悲劇の英雄として自身と、サント・マリー・カンパンの名をツールの歴史に残すことになったのだ。

ピレネーの名峰に立つ

前日は無情にも霧に泣いたり、牛飼いとその一群に遭遇したりしたことで、「これがピレネー的風景か」と心を慰めたのだったが、今、目の前に広がっているものこそ、真のピレネー的風景だ。トゥールマレ峠。標高2115mのこの峠は、ピレネー的であると同時に、ツール・ド・フランスの代名詞でもある。

ツールは1903年に、スポーツ新聞のロト紙が、自社のプロモーションのために企画したイベントだ。約3週間にわたるフランス全土を巡るレースの模様を克明にレポートすれば新聞が売れるだろう、という目論見は見事に当たり、ロト紙とツールは大いに発展していくことになる。だが、文字通りの「フランス一周」レースを行うには難所があった。山岳地帯である。

先にフランスの6角形の国土のうち、3辺は海と記したが、残る3辺のうち2辺は山岳地帯、アルプスとピレネーである。当初は自転車でフランス全土を走るだけでも大ごとだったから、1903年の初回大会は人里離れた山岳地帯を避けるようにコースが設定された。しかしコンセプトこそ冒険的要素の強かったフランス一周レースも、蓋を開けてみれば超人揃い。平坦路を難なく駆ける選手たちを見て、主催者はもっと厳しいコースを設定するようになる。

1905年には早くもアルザス地方で1000m級の峠バロン・ダルザスが取り入れられたが、それでも選手たちの方が上手だった。それならば、と主催者が思ったかどうかはわからないが、かなりサディスティックな嗜好のもと、ピレネー山脈の峠道を取り入れたのが1910年のこと。一日で4つのピレネーの峠を越えるという、今日でもかなりハードなステージだが、中でもツール史上初の標高2000m超をマークしたトゥールマレ峠は大いに恐れられた。さすがにフランスの世論もこの設定は過酷すぎると評し、事前にエントリーしていた選手の2割近くが出場を辞退したという*。

主催者側としても何らかの安全対策を打ち出す必要に迫られ、ヴォワチュール・バレ**と呼ばれる選手の回収車を集団の最後尾に走らせることになった。今日この回収車のシステムはツールのみならず、世界中のレースでおなじみのものとなっている。ちなみにこの1910年に関しては、山岳が厳しすぎるということを考慮し、回収車に拾われた選手でも翌日のステージに進めたらしい。

物議を醸したピレネーのステージだが好評を博し、1910年以来毎年のように取り入れられるようになった。トゥールマレ峠をツールが通過するのは2023年で89回目。戦時中に10年の休止期間があったことを考えると、いかにツールと切っても切り離せない峠かがわかる。そしてトゥールマレ峠の山頂から見渡す風景には、20世紀初頭の、始原のツールの面影が残っているのではないかと感じられる。岩と地衣類だけが景色の全てという、いたって素朴な山岳風景がここにある。100年前のサイクリストたちも、今と同じ風景を見たのだろう。

この日のフィニッシュは、このトゥールマレ峠の山頂*ではなく、さらに30㎞ほどを

* この頃のツールは新聞社が販促のために行っているイベントであったため、ライバルの新聞社がこの壮大な試みの出鼻をくじこうとネガティブキャンペーンを行った可能性がある。

**「ほうき車」を意味する。ツールにおいて隊列の最後尾を走り、タイムアウトになった選手を回収する役割を担う。ほうきで掃くように選手を片付けるのでこの名がついたのであろう。過去には、実際に竹箒を車体にくくりつけていた。

下った先から始まる、一級山岳コトレ・カンバスク。まだ先のあるトゥールマレ峠では、選手たちも足を温存したいに違いない。

昨日、最大のライバルであるポガチャルから大きなリードを奪ったヴィンゲゴーがダメ押しとばかりに、このトゥールマレで勝負を仕掛けにかかった。しかし今日はポガチャルがしっかりと食らいつく。気づけば有力選手の争いは2人だけのものとなり、最も人数の多い集団には主役2人がいないという事態になってしまった。本当に定石通りに動かない2人である。彼らがペースを上げたせいで、多くの選手達が遅れて登っていった。山頂付近では選手たちのため新聞を配る観客がいた。てっきり有力選手たちが集団となって走ってくるだろうと思い、雄大な光景の中をひとかたまりで走ってくる写真が撮れると踏んでいたのだが、皮算用だった。

夏の快晴であっても、標高2000mを越える峠の山頂は涼しい。このあと30km近くも下る選手たちは、冷たい風を一身に浴び続けることになる。時速100kmに達するスピードで風を浴びることがどれだけ体温を奪うかは、想像に難くない。

もちろん選手たちは、背中のポケットにしまっていたウインドジャケットを山頂で羽織ってから下るのだが、それでも体は冷える。そこで使うのが新聞紙である。新聞

* トゥールマレ峠の山頂は小さなカフェが一軒あるきりで、夏の間は一般サイクリストの憩いの場となっている。観光地というほどではないが、世界中の自転車愛好家が聖地巡礼にと訪れる場所なのだ。ツールが開催されるこの日も、自走で登っていく人たちが延々と道を埋めている。標高 2115 mは日本の国道で最も標高の高い群馬・長野県境の渋峠とほとんど同じだけれど、20km近く続く登坂にほとんど途切れなく観客がいるこのスケールは、さすがツール、さすがトゥールマレ峠だ。

紙をお腹に入れると、前からの風をブロックしてくれて冷えないのである。これはかつてのツールではよく見られた光景だ。防風ジャケットやベストの性能が良くなかったことも関係しているだろう。下り切ったらポイと捨てられるのも新聞の良さである。この日、眼の前で新聞を受け取った選手はそれでも多くなかったけれど、ここでも往年のツールの面影を見た気がした。とはいえ、レース中の選手がゴミを捨てることに関しての罰則化*が近年急激に進行していることもあり、新聞文化は風前の灯火である。すでに新聞の発行部数減少が叫ばれているが、すべて電子化される時代が来たら、こんなシーンも昔話として語られていくのだろうか。新聞社が作り出したツールというイベントだが、新聞が無くなっても、きっとツールは続く。

レースが終わり、その日の仕事をひととおり終えた我々は、夕食に向かった。二日前に訪れたホテル近くのレストランがとても良かったので、満場一致で再訪が決まったのだ。実はこの日まで、タルブのホテルに3連泊していた。ピレネーに入ってから比較的狭いエリアでレースが続いていたので、会場までの都度のアクセスは遠くなるが、毎日チェックアウトするよりはいいということで、タルブ郊外のキリアッドというチェーンホテルに落ち着いていた。典型的な郊外のロードサイドであったが、徒歩

* 一日5時間以上も競技を行うロードレースでは、膨大な補給食を選手たちが食べることもあり、選手たちはレース中にいつでもゴミやボトルを捨てていた。建前上はレース後に主催者がそうしたゴミを回収していることになっているが、200km の沿道すべてに目を配ることは不可能だ。2020 年ごろから選手たちがゴミを捨ててよい 500m ほどの区間がコース中に2〜3個所設定されるようになり、それ以外のエリアでゴミを捨てた選手には罰金や UCI ポイントの剥奪が課されるようになった。

圏内に数件のレストランがあり、幸いなことにそのひとつが大当たりだった。「ラ・ボンヌ・ブッフ《美味しい食べ物》」という身も蓋もない名前のレストランだが、その看板に偽りはなかった。地元食材にこだわる意識の高さを見せつつも、高価すぎずカジュアルな雰囲気。二日前にここで食べた牛肉は最高だったな、と啓兄やルカ*と意見を同じくし、鴨料理を選んだ磯部くんもご満悦で全員がすっかり惚れ込んでしまった。明日にはこのタルブを離れるということで、再度来店。

　ここで食べたハンバーガーは、バスクで食べたものよりも断然美味しかった。付け合せのポテトもちゃんと手の込んだ処理がされていて、丁寧な味。取材旅の初めにバスクで美味しいものと出会ってしまったがゆえに、先行き不安な思いがしたものだが、なんのことはない、フランスにもやっぱり美味しいものはある。ただし経験上、これは大当たりの稀な部類。ツールの取材をしている中ではじっくりレストランを選ぶことなどできないし、泊まる宿は街中ではなく大概の場合郊外だからだ。郊外にはチェーンレストランこそ多いものの、個人経営のレストランはほとんど見つからない。タルブでは本当に幸運だった。

* ルカ・ベッティーニはイタリア人フォトグラファー。引退した父も自転車界では有名。啓兄の同僚であり、宿や食事をシェアしている。我々がツール期間中にまともな食事をしている理由の大部分は、彼の「食事の時間を大切にする」というイタリア人的気質によるところが大きい。

サント・マリー・カンパンの町中。これは椅子に腰かけているパターン。

トゥールマレ峠の山頂では一般のファンが選手に新聞を配っていた。

上：こちらのカメラに気づいてか「ねぇ、写真撮って～！」と黄色い声がかかった。
左：ユジェーヌ・クリストフの立像。右手のフォークが伝説を物語る。

トゥールマレ峠。ツールの歴史とともにある、大会を象徴する峠だ。

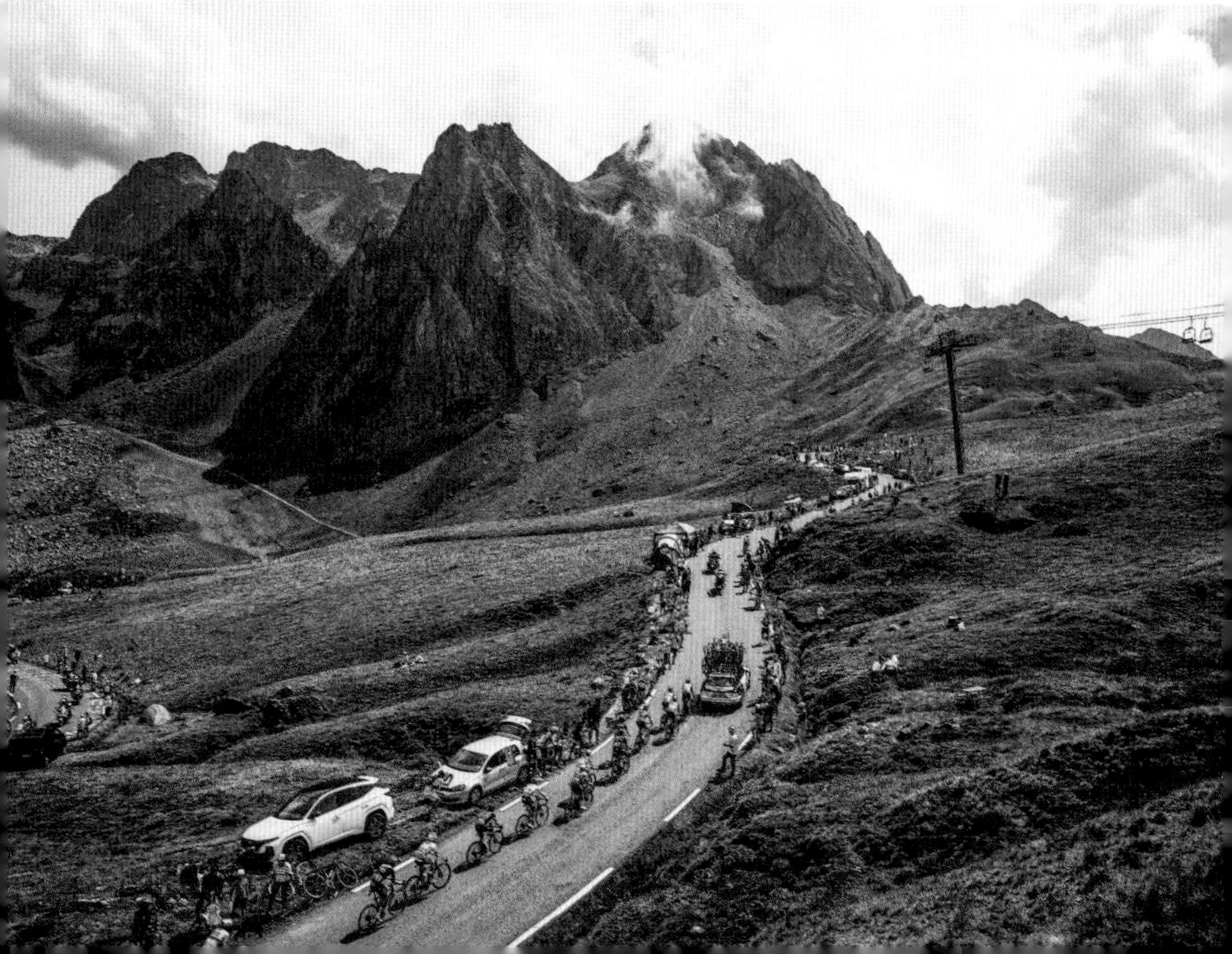

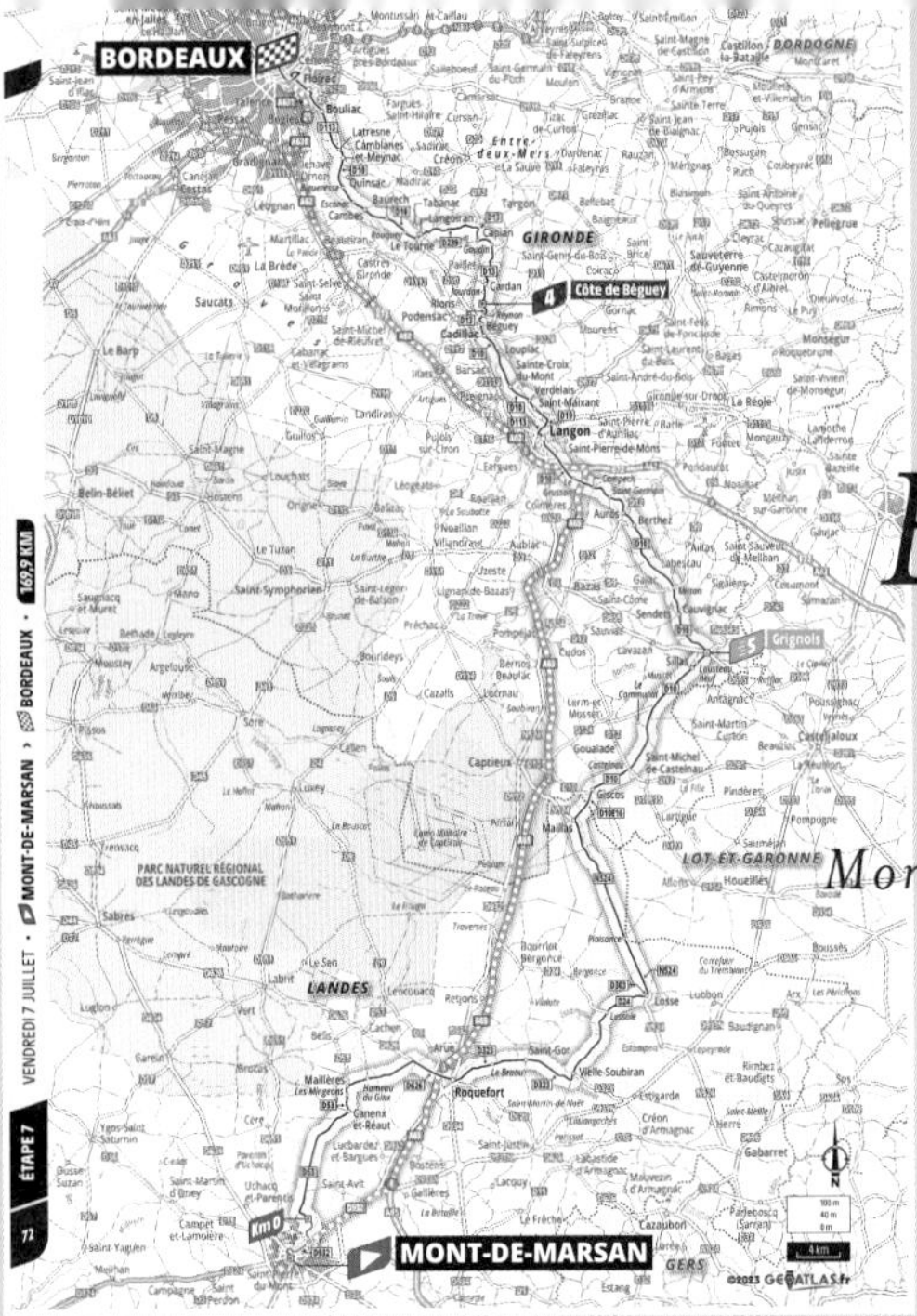

Etape 7

Mont-de-Marsan – Bordeaux

Vendredi 7 juillet

◀第7ステージ

モン・ド・マルサン ← 169.9km ボルドー

ピレネー山脈を出て、一路ボルドーへ向けて北上を開始。終盤にかけて4級山岳がひとつあるものの、ガロンヌ河沿いに港町のボルドーへは下り基調。スプリンターのためのステージであり、集団スプリントでフィリプセンが圧巻の3勝目。2位に入ったのはツール史上最多ステージ優勝記録がかかるカヴェンディッシュ。大記録達成をあと一歩のところで逃した。

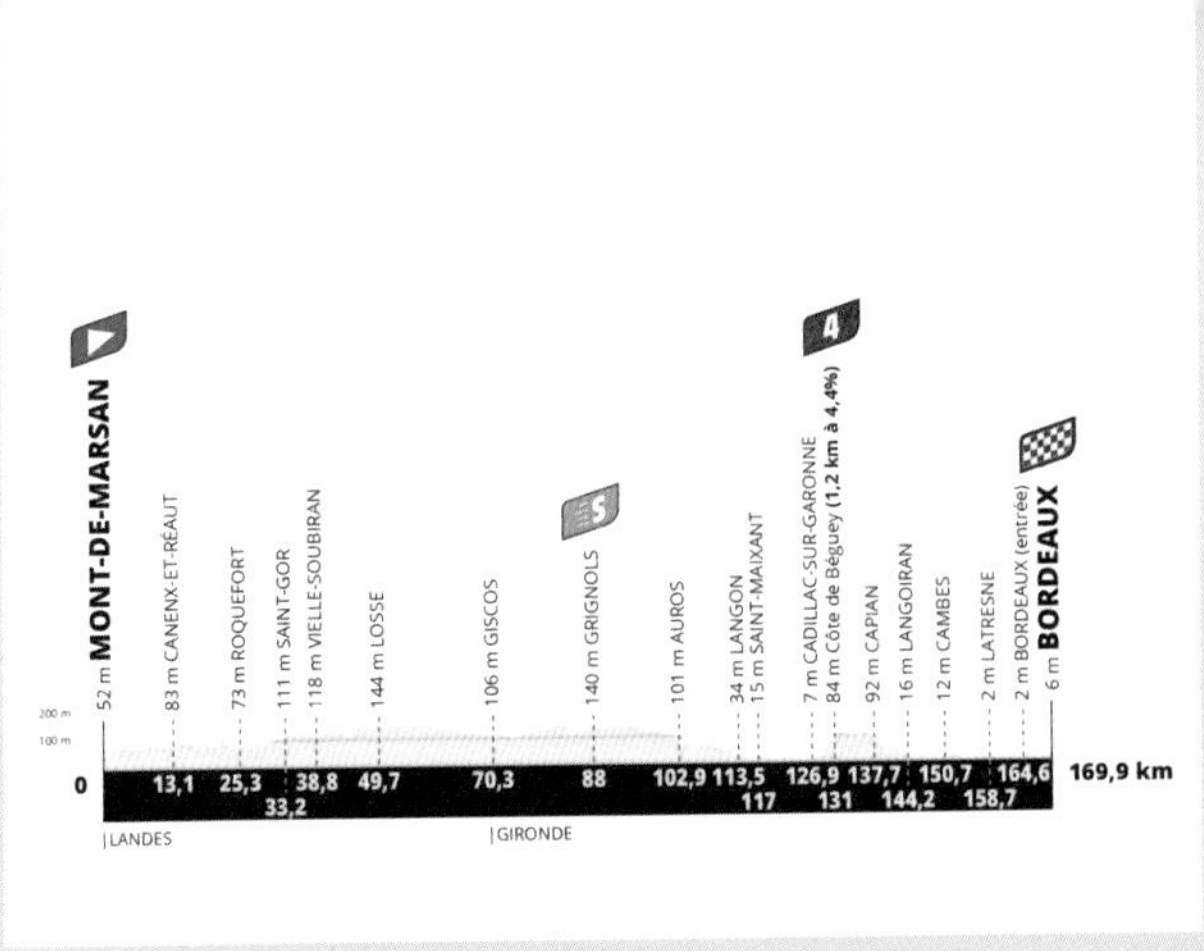

©A.S.O.

START

モン・ド・マルサン

ランド県の県庁所在地で人口は約3万人。フランスのヴェズレーをスタートし、スペインのサンティアゴ・デ・コンポステラに至る巡礼道上にある。

FINISH

ボルドー

ジロンド県の県庁所在地で人口26万人。フランスでも10に入る大都市。ガロンヌ河に沿って三日月状の街は、「月の港」として世界遺産に登録。ワインの一大産地。

ステージ順位 TOP3

1	PHILIPSEN Jasper	Alpecin-Deceuninck
2	CAVENDISH Mark	Astana Qazaqstan
3	GIRMAY Biniam	Intermarché-Circus-Wanty

総合順位 TOP3

1	VINGEGAARD Jonas	Jumbo-Visma
2	POGACAR Tadej	UAE Team Emirates
3	HINDLEY Jai	Bora-hansgrohe

ポイント賞

PHILIPSEN Jasper

山岳賞

POWLESS Neilson

ヤングライダー賞

POGACAR Tadej

第7ステージ　モン・ド・マルサン〜ボルドー　7月7日

フランス釣り事情

タルブのホテルをチェックアウトする前に、もう一箇所だけ行きたい場所があった。ホテルと「ラ・ボンヌ・ブッフ」までの間に釣具屋があることを、目ざとく見つけていたのだ。僕も啓兄も釣り好きだから、自然と海外の釣具屋事情が気になってしまう。昨年の取材旅行では、彼がこっそりスーツケースに持ち込んでいた釣り竿で、休息日に楽しそうに魚を釣っているのを見て歯ぎしりした。今年は僕もスーツケースに釣り竿を忍ばせてきたが、ここまで一度たりとも取り出すほどの余裕は無かった……。そんなわけで、どんな魚が釣れるのか、どんな釣具がいいのか、調査も兼ねて釣具屋を朝から訪れたのだった。

しかし幸か不幸か、我々は日本の釣り人である。贔屓目なしに言って、日本の釣具の充実具合とクオリティは、世界一だ。それは日本が海に囲まれた島国であり、豊かな森が無数の川を保持する国土に恵まれているからに他ならない。そんな国に生まれた我々は目が肥えている。海外の釣具屋というのは往々にして品揃えが少なく、どこか陰気で、あまり気持ちのいい場所ではない。……と思っていたのだが、このタルブ郊外の釣具店はいい意味で驚かされる広さと清潔さ、そして品揃えであった。「釣りの未来《Avenir Pêche》」という屋号も決して名前負けしていない。

店内には釣具がぎっしりと並んでいるが、特筆すべきは日本製のものの多さ。ルアーのパッケージなど、そのまま日本語が書いてある。日本の2倍近い金額がするものも多く、高級な輸入品といった塩梅だ。今でこそ海外の釣具屋の棚に我が物顔で鎮座する日本製ルアーだが、そもそもルアーフィッシングは欧米発祥の遊びである。日本がヨーロッパから製品を積極的に輸入し始めたのが１９７０年代からだから、そう考えると歴史は浅い。かつての日本の釣り人は舶来のルアーを高いお金を出していた。そんなルアーの中には、フランス製のものもあった。

メップスというブランドは、スピナーという原始的な形状をしたルアーづくりに定評があり、日本にも相当数輸入された。しかし、今は日本ではほとんど見かけない。そんなメップスが、大量にこの釣具屋の棚に吊るされていた。当然といえば当然かもしれないが、自国のブランドを大事にするフランスらしい。ルアー自体はほとんど改良らしい改良も加えられておらず、昔のままの構造を保持しているところも、シトロエンの2CVを思わせてフランスらしい。伝統的なものを重んじる国民性は、ツール・ド・フランスという歴史を今日まで保ち続けてきたことに通じるように思う。

望外の店舗訪問にすっかり気を良くしながら、我々はスタート地点へと急いだ。タルブにはもう未練はない。が、もし将来また訪れることがあったらまた「ラ・ボンヌ・ブッフ」と「釣りの未来」には足を運ぶだろう。

「つなぎのステージ」へ

この日のスタート地点モン・ド・マルサンは、第4ステージのスタート地点ダクスからも、フィニッシュ地点のノガロからも50㎞ほどのところにある。しばらくピレネー山脈を走っていたツールが、また闘牛とアンドレ・ダリガドのランド県に戻ってきた。1週間をかけて狭いエリアを行き来していた印象だが、今日の第7ステージからは大きく移動をしていくことになる。ピレネー山脈とアルプス山脈の間のステージはしばしば「つなぎのステージ」と呼ばれるが、まさにそれである。

距離を稼げる平坦基調なコースとなることが多く、山岳で足を使った総合優勝候補の選手たちにとっては一休みのステージ。一方で、山岳では活躍しづらい重量級のスプリンターたちにとっては見せ場である。目指すフィニッシュ地点はボルドー。フランス南西部の中核をなす大都市だ。

しかしランド県に戻ってきた今朝からとても暑い。ここまでは天候不順のバスク地方、さらにピレネー山脈の高地にいたから無理もないかもしれないが、急にフランス南西部本来の暑さがやってきた。日本のまとわりつくような夏の暑さと異なり、暴力的ともいえるまでの灼熱で、日向にずっといられないほど。この一週間ですっかり日本の暑熱順化がリセットされた我々は、息も絶え絶えレースを追いかけることに。

チーズの村?

この日最初の写真ストップは、ロックフォールの町。しばらくピレネーの山中にいたせいか、町の沿道に住人が押し寄せているこの感じが、懐かしく思えるほどだ。ロックフォールといえば、チーズの産地。フランス通を名乗るには、独特の強い香りをもつ青カビチーズの味を知らない訳にはいかない。

今日のフィニッシュ地点がボルドーだから、赤ワインとチーズという極めてフランス的な取り合わせを主催者はコースに組み込んだのだろう。安直だが、それぐらいわかりやすいのも大事なことだ。道端でチーズとワインで選手たちの到着を待っている観客がいれば、写真を撮らせてもらおうと思ったが都合よくそんな人は見当たらず。撮影場所を探しあぐねて、大きな牛の形をした看板前に落ち着いた。チーズの町だし、牛でもそれらしく見えるだろう。そのうちに選手がやってきて、パチ、パチとシャッターを切った。チーズの写真こそ無いが、それなりにロックフォール的なイメージが撮れたのではないか。この日フィニッシュするまで気づかないでいたが、ここはロックフォールであってロックフォールではなかった。

青カビチーズで有名なロックフォールは、正式名称をロックフォール・シュル・スルゾンという。南仏にあることは同じだが、このロックフォールより300㎞ほども東にあった。そもそもロックフォールの青カビチーズは、羊のミルクから作られる。そのことを知っていれば、牛の看板を見てすぐに気づいたはずなのに……。

この日2箇所目の撮影ストップはマイヤの町。観客の人垣の後ろにズラリと並べられたのは、シトロエンの2CVだった。今朝釣具屋でこのクルマのことを思い出したばかりだったから、不思議なめぐり合わせだ。フランスの国民車だった「ドゥーシュ」こと2CVは、ツールの長い歴史の中では関係車両としても活躍してきた。サラミ会社の「コシュヌ*」は販促用のクルマとして今も改造した2CVをツールのコースに走らせており、プロモーションに余念がない。とうの昔に生産中止になった国民車を、国民的自転車レースで今も走らせるなんて粋だ。

大都市の交通事情

フィニッシュ地点はボルドー。フランスでは10指に入る大都市だ。さすがに巨大な町で、フィニッシュ地点に向かう途中で渋滞に巻き込まれた。ツールを開催時は市中のあちらこちらで道路閉鎖を行うため、道が複雑に入り組んでいる大都市では関係車両の動線にも渋滞の影響が出ることも多く、意外にも有名都市をツールが通過することは少ない。毎年最終ステージになる伝統のパリは例外として、第2の都市マルセイユや第3の都市リヨンがコースに組み込まれることは近年稀である。これらの町が莫大な金額を投じて、ツールで観光プロモーションをする必要がないということもあるだろうが、運営上の便宜という面からも避けられているフシがある。また、昨今のヨーロッパの都市は、クルマを中心地から排除する方向で都市計画が進んでいる。ボル

* 1971年創始のフランスのソーセージ・サラミメーカー。1997年からブランドカラーの赤白の格子模様でラッピングされた2CVをキャラバンカーとして走らせている。キャラバンがばらまく一口サイズのサラミはツール定番のお土産。販促用の帽子も無料で配っているが、フランスでは転売対象になるほどの人気だという。

ドーよりも人口の多いナントやストラスブールといった都市は、徒歩や自転車を基本的な移動手段に据えており、ツールと相性が悪い。

ツールは世界最大の自転車イベントであるから、自転車活用を訴える最良の機会である……のだが、実情は異なる。レースそのものは自転車で行われるが、付随する関係車両がとにかく多いのだ。レース運営に関わる車両（主催者、チーム、ドクター）に加え、スポンサーのキャラバン隊（車列は2㎞に及ぶ）、それに我々メディアのクルマも数百台ある。歩行者のために整備した都市中央部に、これだけの車両の駐車スペースが確保できないのも無理はない。フランスの各都市が、歩行者や自転車のためのまちづくりをすればするほど、ツールが通れなくなるという皮肉な現象が起きている。

ボルドーもまた、市中にトラム網を張り巡らせた歩行者中心の町である。朝と夕方の時間を除けばトラムに自転車をそのまま持ち込めることもあって、自転車利用者の数も多い。自転車でツールを観に来ることを推奨する町は、広大な自転車駐輪場を用意していたが、その規模は壮観であった。

フランスを巡っていると世界遺産が多く、そのありがたみが希薄になるが、ボルドーも町並みが世界遺産に登録されている。フィニッシュまで残り500m、ルイ18世河岸の直線路の左手に見えるブルス広場や、カンコンス広場に建つ古典主義建築は、荘厳にして見事の一言。だが、世界遺産に登録された理由は、外観よりも、それを整えた都市計画そのものにあるらしい。18世紀の古典主義建築に始まった都市計画は、20世紀には調和を求める町並み整備に引き継がれた。ガロンヌ河岸の、車道を狭めてでも確保された遊歩道の広さもこうした都市計画の一環だった。道幅の狭さは、ボルドーが世界遺産である理由でもあったのだ。

マン島のミサイル

この日のレースは、そう道幅の広くないフィニッシュストレートで集団スプリントに持ち込まれた。勝ったのはヤスペル・フィリプセン。スプリントで負けなしの3勝目だ。しかしこの日大いに注目を集めたのは2位に入ったマーク・カヴェンディッシュだった。

「マン島のミサイル」の異名を持つカヴェンディッシュは、38歳のベテラン*スプリンターにして、区間優勝数の最多記録保持者だ。その数実に34勝。そしてこの数は、ロードレースの歴史において最強のチャンピオン、エディ・メルクスと同数タイであ

* ヨーロッパの伝統スポーツであるロードレースでは、かつては年齢による序列がしっかりあった。23歳までにプロになり、しばらくの修行期間。選手として最も脂が乗るのが28～32歳ごろとされ、その後はベテランとしてチームの若手に経験を伝えるアシスト選手として活動し、35歳ごろで引退した。今日では20歳過ぎの選手がいきなりツールで優勝し、30歳を過ぎたらすっかりベテラン選手扱いである。瞬発力を問われるスプリンターは30歳を過ぎて第一線で活躍することが難しく、カヴェンディッシュは異例である。

る。1970年代に一世を風靡したメルクスはツールの総合優勝を5回飾りながら、34のステージ優勝を積み上げ、あまりに他の選手に勝つ機会を与えなかったことからカンニバル、「人食い」とまで言われた伝説の選手だ。

幾度も引退の危機に見舞われながら競技生活を続け、昨年のツールで34勝タイに並んだカヴェンディッシュには、記録更新が期待されていた。しかし、瞬発力がものを言うスプリンターにとって、38歳という年齢のディスアドバンテージは明白だ。全盛期の力を失いながらも、大記録に挑むカヴェンディッシュの姿は連日報道され、このツールにおける焦点のひとつとなっている。そのカヴェンディッシュが、一時は先頭に立つスプリントを見せて2位。まだまだ平坦ステージは残されているから、記録更新の可能性は十分にある。

前回ツールがこのボルドーを訪れたのは2010年のこと。この時、集団スプリントを制したのが他ならぬカヴェンディッシュだった。この日優勝したフィリプセンは、この時のカヴェンディッシュのスプリントをビデオで何度も見て、予習していたらしい。優勝者記者会見では、「彼が勝つところを見たいし、それは誰もが同じだろう」と、13年前のボルドーの勝者への賛辞ともとれる発言があった。

チーズの村ではなかったロックフォールをツールが通過していく。

ツール沿道ではときたま遭遇するズラリと並んだシトロエンの2CV。
絵になる。

Etape 8

Libourne — Limoges

Samedi 8 juillet

◀第*8*ステージ

リブルヌ ← リモージュ

200.7km

ボルドー近郊、こちらもワインの産地であるリブルヌをスタートし、北東方向へ内陸に向かう200km超えのロングステージ。フランス中部リモージュの町で集団スプリント勝負に。リモージュ市街地の上り坂の先にあるフィニッシュラインに先頭で飛び込んだのはピーダスン。フィリプセン1強のスプリント戦線に異を唱えた。総合上位勢はしばし息をひそめる一日に。

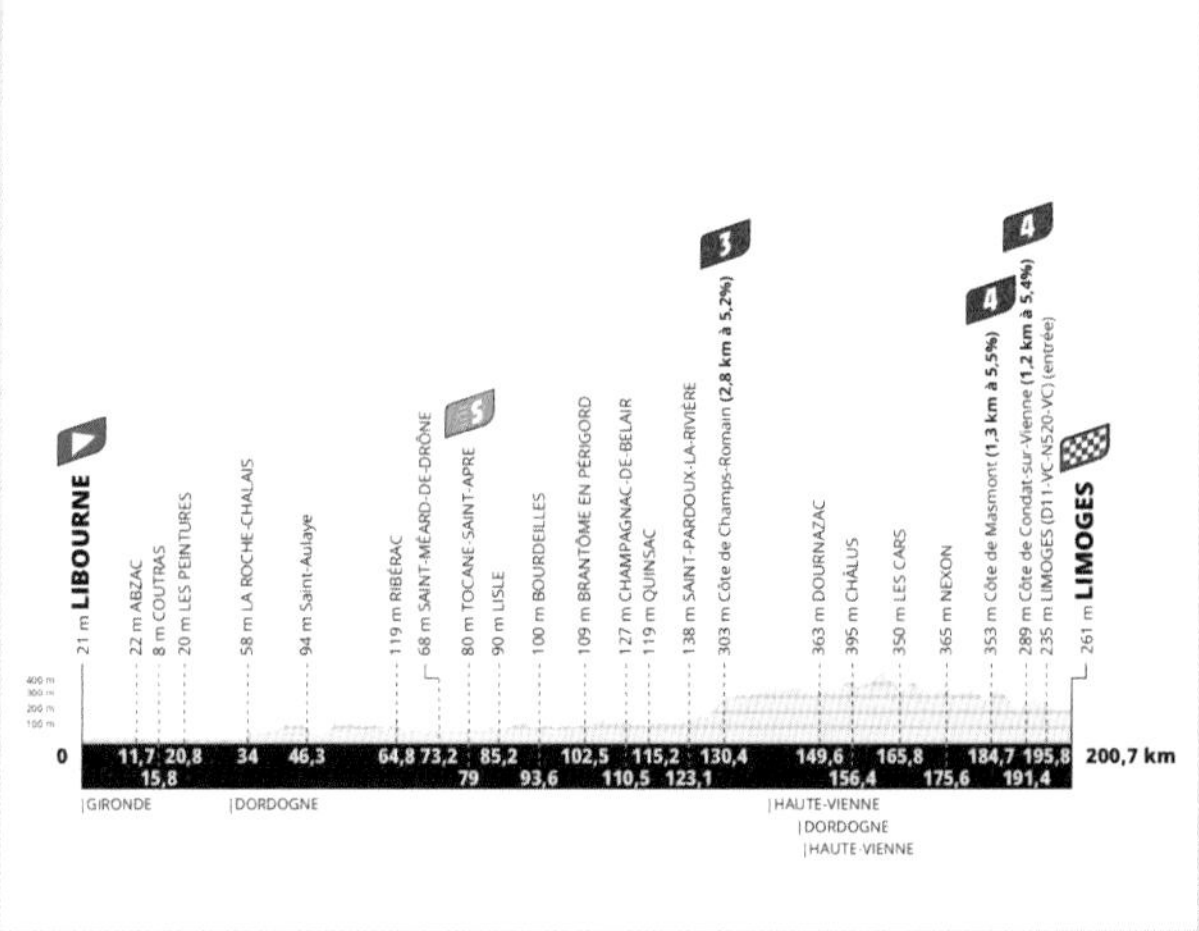

START

リブルヌ

ボルドーの東15 kmに位置するワイン産地。ガロンヌ川に接するボルドーと異なり、こちらはその支流のドルドーニュ川沿い。その土壌が上質な赤ワインを生む。

FINISH

リモージュ

オート・ヴィエンヌ県にある人口約13万人の都市。磁器の生産で知られ、19世紀のヨーロッパではドイツのマイセンに並ぶ一大産地として名を馳せた。

ステージ順位 TOP3

1	PEDERSEN Mads	Lidl-Trek
2	PHILIPSEN Jasper	Alpecin-Deceuninck
3	VAN AERT Wout	Jumbo-Visma

総合順位 TOP3

1	VINGEGAARD Jonas	Jumbo-Visma
2	POGACAR Tadej	UAE Team Emirates
3	HINDLEY Jai	Bora-hansgrohe

ポイント賞

PHILIPSEN Jasper

山岳賞

POWLESS Neilson

ヤングライダー賞

POGACAR Tadej

第8ステージ　リブルヌ～リモージュ　7月8日

ワインの名産地で

　ボルドーから西に30㎞のところにあるリブルヌの町もまた、ワインの産地として名高い。前日にボルドーのプレスルームでボトルワインを頂いたが、よく見ると産地は、ラランド・ド・ポムロル。このリブルヌの郊外であった。ボルドーはガロンヌ河がもたらした土壌によってブドウ栽培が盛んになったが、リブルヌのそれはドルドーニュ川である。ガロンヌ河の最初の一滴はピレネー山脈から滲み出すが、ドルドーニュ川はオーヴェルニュ地方のピュイ・ド・サンシというフランスで最も標高が高い火山から流れ出る。偶然だろうが、ピレネー山脈からガロンヌ河を下り切るとボルドーで、さらにドルドーニュ川に合流しその源流へ向かう行程と、今年のツールのコースが一致する。

　バスクをスタートしてピレネー山中に長らくとどまり、どこかスペインの香りがしていたツールも、この日からはぐっとフランス的な様相を帯びることになるだろう。フィニッシュの町リモージュはフランスの中部に位置する。２００㎞のレース距離で、風景と文化圏を再びまたいでいく。

　ハンドルを握る啓兄は、「今日はワイン畑を撮るんだ」と息巻いている。昨日から続くこの一帯には青々とした畑が広がっていて、フォトグラファーには見逃せないのだ。ブドウ畑な、と指摘するのも野暮だから黙っておく。選手たちより先にコースに出て、絵になりそうなロケーションを探していくが、なかなかここぞという風景に出会えないまま、16㎞地点のクトラの町に着いてしまった。ここで迂回路を取ることに決めていたから、いいワイン畑の写真は残念ながら持ち越しだ。

　選手たちを先回りして、ふたたびコースに入る。もう風景からワイン畑は姿を消していて、啓兄は意気消沈している。が、捨てる神あれば拾う神あり。思わぬ拾い物がやってきた。「ヒマワリだ！　これは完璧なヒマワリ！」

　眼の前には一面真っ黄色のヒマワリ畑が広がっている。そして写真を生業にしていない僕にも、それは「完璧」なヒマワリであることがすぐにわかった。ヒマワリは夏の花であると同時に、ツールを象徴する花でもある。総合リーダーが着用するマイヨ・ジョーヌは、ヒマワリを思わせる黄色だからだ。ヒマワリ畑の中を走り抜ける選手たちの写真は、ツールのクリシェであり、職業フォトグラファーにとっては毎年確実に抑えなければならない一枚。*

一般にヒマワリは南仏に多いから、この地域にいる大会一週目が勝負。啓兄はフランスに入った五日前から、ことあるごとにヒマワリを探していたが、なかなか出会えずにいた。たまに見つけても、天気が悪い日だったり、向きが微妙だったりで撮影には至らない。「今年はヒマワリ無しかな……」と肩を落とす姿も見ていた。**「ワイン畑」は不発に終わったけれど、それよりもっと嬉しい待望のヒマワリ畑に車内は沸いた。

撮影を終え、コースを外れた迂回路を使いフィニッシュ地点のリモージュを目指す。その道中で二箇所、目を引く町を通った。ひとつめはジュミアック・ル・グラン。***この町に入った途端、均整の取れた真っ直ぐな道が伸びていて驚かされた。その道の先には立派なお城が。こまごまとした田舎道から突然に幾何学の世界。ここをツールが走らないのは少し惜しい気がする。

もうひとつは、サン・ティリュー・ラ・ペルシュ****という名の可愛らしい街だ。「中世都市はこちら」と看板が出ていて、車窓から見る限りではあったが、石畳の素敵な町並みがちらりと覗いた。ツールの取材中には、こうしたガイドブックに載っていな

* しかしいいヒマワリ写真を撮るのは難易度が高い。毎年コースの変わるツールで、Google Street View でデジタルロケハンをしようとしても、どこにヒマワリ畑があるかまで把握するのは困難だし、季節が違うので要領を得ない。よしんばヒマワリ畑らしいエリアを見つけても、当日に満開である保証はどこにもないのだ。仮に満開であっても向きの問題がある。ヒマワリは花弁を太陽に向けるので、コース上に満開のヒマワリ畑があっても、花が逆を向いていたら全く黄色くない、ただの緑の集合だ。そして晴れていないと、どうしても絵として締まりがなくなる。かように複雑な要素をクリアして初めて、「完璧」なヒマワリとなる。

い、けれども目を惹く町を通ることがたまにある。しかしながら取材中ゆえに立ち寄る時間もなく、記憶の中にだけかすかに残り、やがて忘れてしまう。

リモージュ散策

初めて訪れたリモージュは、坂の町だった。そのゆるやかな坂を使って集団スプリントが行われ、今日はフィリプセンが2位になった。勝ったのは元世界チャンピオンのデンマーク人選手、マッズ・ピーダスン。第1ステージのピケ峠で会ったデンマーク人のマヤさんが、「応援しているのはマッズなの」と言っていたことが思い出される。あれから一週間が経ったけれど、ツール好きと言っていた彼女は、今どこでこのレースを観ているのだろうか。会心の勝利の後で、きっと心晴れやかな土曜の夜を過ごしていることだろう。

ところでこの日、啓兄が撮影地に忘れ物のカメラレンズを取りに戻ったため、思いがけず時間ができた。

磯部くんと2人でリモージュの町をぶらぶら散策する。いつもならプレスセンターでの仕事が一段落したら、郊外のホテルにチェックインし、そしてその近くのチェー

** 現代はレースが終わったその夜に他のフォトグラファーがどんな写真を取ったかがSNSで見られるから、この状況でもヒマワリを収めているフォトグラファーがいることもわかり、してやられたと思うことも多々あっただろう。

*** Jumilhac-le-Grand　人口1200人弱のドルドーニュの町。お城から伸びる道路沿いに街が広がる、西欧的な城下町の様相を呈している。

**** Saint-Yrieix-la-Perche　人口7000人弱のオー・ヴィエンヌ県の町。城壁に囲まれた中世の街並みが残る。

ンレストランに行くところだが、今日は思わぬ自由行動の時間ができた。フィニッシュ地点の町を歩くことなんてほとんど無いから、少し旅気分を味わうことにしよう。

リモージュといえば、磁器の町。白磁のリモージュ焼は18世紀後半からこの地の主要産業になり、国内はもちろん、世界的に輸出され人気を博したという。陶磁器文化の発達している日本ではそこまでの知名度はないものの、色彩豊かな絵付けを施された磁器は、東洋のものとは違う美しさがある。

坂道の途中で、リモージュ磁器を扱うショップを見つけたが、残念ながら閉まっていた。外は明るいが、もう19時を過ぎていたのだ。陶器職人のポップアップストア*らしく、ショーウインドウには白磁でできたロバが可愛らしく佇んでいた。欲しくなったが、店が開いていないので買いようがない。それに、まだ2週間も毎日旅をすることを考えると、磁器はハードルの高いお土産だ。泣く泣く諦めたが、こうしたモダンな造形に伝統的な工法が生かされていることに心温まる思いがする。

後日調べたところ、実はこの日、図らずもリモージュ磁器を巡る旅をしていた。それはなぜリモージュで磁器産業が栄えたか？　というところにまで遡る。18世紀初頭、中国にしかなかった硬質磁器をヨーロッパで最初に生み出したのはドイツのマイセン

* アンヌ・メルレ（Anne Merlet）さんという方で、度々リモージュでポップアップショップを開いている。モダンな造形の磁器を手掛けている。

だった。その主な理由に、カオリンという鉱物の存在がある。これを原料とすることで硬質で白い磁器が作れるのだが、マイセンはこの技術を門外不出としたため、その名をヨーロッパに轟かせつつも他の地域に製法が伝播することはなかったという。だが、ひょんなことからフランスでカオリンが発見された。サン・ティリュー・ラ・ペルシュという町で、女性が洗濯に使っていた白い粘土が、このカオリンだった。あれ、サン・ティリュー・ラ・ペルシュという町の名前に聞き覚えがあるぞ。そう、この日リモージュまでの迂回路で通りすがった、中世都市の看板のあった可愛らしい町こそ、カオリン発見の地だったのである。そして七宝焼の技術を元々持っていたリモージュが、このカオリンを用いることでリモージュ磁器が誕生した……。サン・ティリュー・ラ・ペルシュの素敵な石畳と町並みは、カオリン採掘に伴う町の栄華を証言するものだったのかもしれない。

土曜の夜のリモージュ市街地は、活気があっていい雰囲気だった。

本気で欲しかったロバのリモージュ焼。

僕もヒマワリ畑でシャッターを切ってみた。これぞツールという風景。

教会は絵になるので写真を撮りがち。そして尖塔のてっぺんが切れがち。

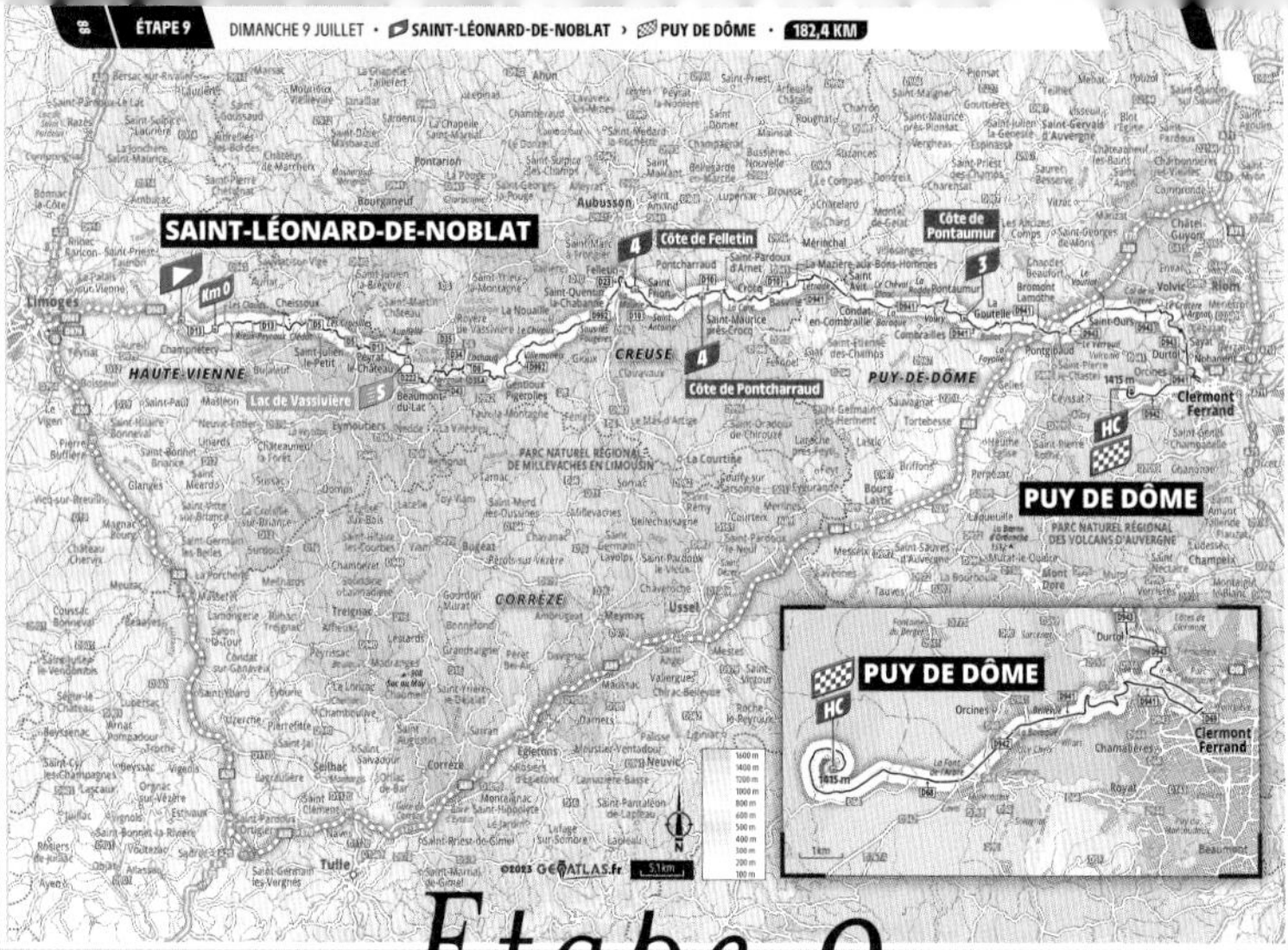

Etape 9

Saint-Léonard-de-Noblat — Puy de Dôme

Dimanche 9 juillet

◀第9ステージ

サン・レオナール・ド・ノブラ ← ……200・7 km ピュイ・ド・ドーム

火山ピュイ・ド・ドームがコースに採用されるのは35年ぶりのこと。自然環境保護のため普段から車両が侵入できないこの山頂には、観客の立ち入りも禁じられた。序盤から逃げた選手たちによるステージ優勝争いを制したのはウッズ。そして後方ではやはりポガチャルとヴィンゲゴーの一騎打ちが始まり、ポガチャルが先着しさらに8秒を奪い返した。その他の選手は30秒以上後方。

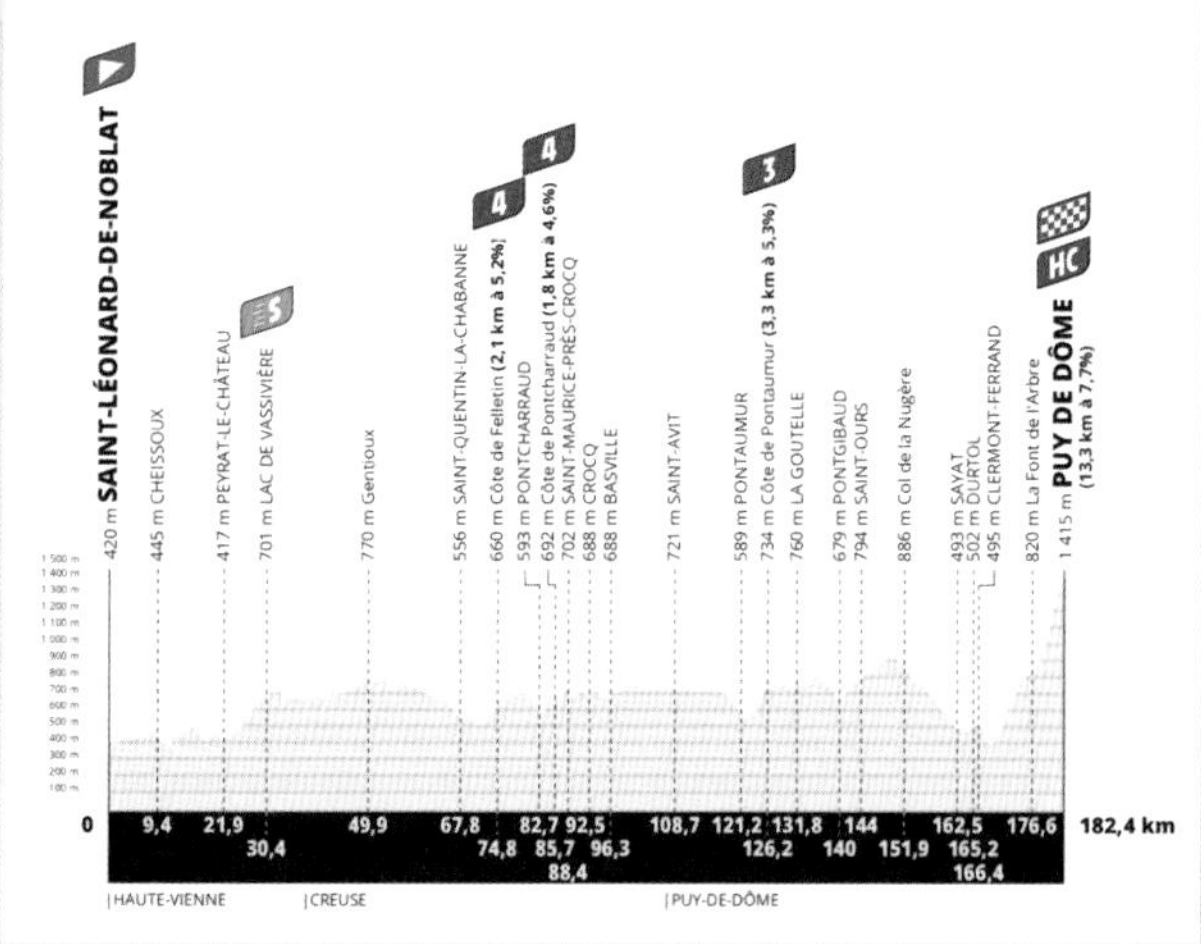

©A.S.O.

START

サン・レオナール・ド・ノブラ

オート・ヴィエンヌ県の人口4400人の小さな町だが、住民の誇りは往年の名選手レイモン・プリドールの出身地であること。ツールの歴史上最も愛された選手だ。

FINISH

ピュイ・ド・ドーム

標高1415m。ピュイの火山群の中でも最も高く、普段は徒歩か山岳電車でしかアクセスできない。登坂距離13・3kmで平均勾配7・7%は超級山岳にふさわしい難易度。

ステージ順位 TOP3

1	WOODS Michael	Israel – Premier Tech
2	LATOUR Pierre	TotalEnergies
3	MOHORIC Matej	Bahrain Victorious

総合順位 TOP3

1	VINGEGAARD Jonas	Jumbo-Visma
2	POGACAR Tadej	UAE Team Emirates
3	HINDLEY Jai	Bora-hansgrohe

ポイント賞

PHILIPSEN Jasper

山岳賞

POWLESS Neilson

ヤングライダー賞

POGACAR Tadej

第9ステージ　サン・レオナール・ド・ノブラ〜ピュイ・ド・ドーム　7月9日

フランス人民に愛された「ププ」

ツールでは大会期間中に2回の休息日が設定される。大体の場合それは月曜日で、1週間走って一日休み、また1週間走って一日休み、そして最後の1週間を走り通して最終日パリにフィニッシュするという具合だ。そのため1週目ないし2週目終わりの週末、特に日曜日に目玉ステージが設定される。選手たちも翌日が休みだと、思い切りよく走れるようだ。

そんな1週目の終わりを告げる第9ステージは、今大会を通じて最も象徴的なステージと言っていいかもしれない。中央山塊にそびえる火山ピュイ・ド・ドーム山頂フィニッシュは、いわば「古き良きフランス」に捧げるステージだ。

120年の歴史をもつツールには、それぞれの時代を代表する写真がある。メディアの進展とともに巨大化していったスポーツイベントらしく、その枚数は膨大だが、時代を超えて記憶される写真はそう多くない。そのうちの一枚が、この日のフィニッシュ地点、ピュイ・ド・ドームで1964年に撮られた、レイモン・プリドールとジャック・アンクティルが肘をぶつけ合いながら走る一騎打ちの写真である。

当時、プリドールとアンクティルは炎と氷のように対象的な選手だった。冷静沈着な天才レーサーで「巨匠」と謳われたアンクティルは、ツールで5回の総合優勝を誇った。対象的に、「ププ」と呼ばれたプリドールは、総合2位が3回、総合3位が5回とついに勝つことはできなかった。しかし、泥臭く攻撃的な走りをする「万年2位」のププをフランス人民は多いに愛した。プリドールは八度もパリの表彰台に登ったが、そのキャリアの中で一日たりともマイヨ・ジョーヌを着ることはなかった。

そのプリドールが、最もマイヨ・ジョーヌに近づいたのは1964年の7月12日、ピュイ・ド・ドームで例の写真が撮られた時のことだった。237kmのレースの終盤、ピュイ・ド・ドームに登り始めたとき、プリドールはアンクティルが苦悶の表情を浮かべているのを見る。明らかにこの登坂に彼は苦しんでいる。しかし、プリドールには過去に策士であるライバルの罠にかけられた苦い経験があり、それが彼の判断を鈍らせた。

攻撃に出るべきか、出たらカウンターを浴びるのではないか？　ようやく彼が確信を持てたのは、フィニッシュまで残り1㎞を切ってからだった。アタックして飛び出したプリドールに、アンクティルはずるずると遅れをとり始めた。とうに限界を超えていたのだ。この日、アンクティルから42秒を奪い取ったプリドールは、総合首位、つまりマイヨ・ジョーヌまであと14秒に迫った。しかし最終日パリも二日後に迫っていた。もし、プリドールがピュイ・ド・ドームでもっと早く攻撃に出ていれば、この年のツールを制していたのは彼だったと言われる。ただ、歴史に「もし」は無い。プリドールはついに悲願を達成することができなかった。

いずれにせよプリドールは国民に愛されたヒーローだった。2019年に彼が亡くなった時には、フランス中がその死を悼んだ。

彼の面影は、2020年代になって再びツールに色濃く立ち表れてきた。今最も人気と実力を兼ね備えている稀代の大スター選手、マチュー・ファンデルプール。その祖父が、レイモン・プリドールなのだ。レイモンの娘が結婚した相手が、一時代を築いたオランダの名選手アドリ・ファンデルプールであり、偉大な選手2人を祖父と父に持つマチューは、少年の時から常勝街道を行く天才児だった。フランスが「ププ」を失った悲しみ癒えぬ2021年、そのマチューがツール第1ステージで優勝し、その勝利を祖父に捧げたシーンは世代を超えてフランス人たちの心を捉えた。プリドールの血統は、間違いなくフランス人民の心に愛されている。

ピュイ・ド・ドームにフィニッシュするこの日のスタート地点は、サン・レオナール・ド・ノブラというオート・ヴィエンヌ県の小さな町だが、ここはプリドールが暮らし、今も眠る町でもある。第9ステージは、始まりから終わりまでプリドールに捧げられる一日になる。

レキップ紙を買いに

取材班としては、この日はかなり特殊な一日になった。普段から自転車を含む車両の通行が禁止されている*ピュイ・ド・ドームは無観客とされ、メディアも限られた人数のみ山頂へのアクセスが認められた。山道の幅が狭く、多数の観客が訪れるとレース運営の安全が確保できないという理由だ。もちろんクルマで登ることは許されず、麓から出る登山列車で山頂で向かうことが義務付けられた。列車の時刻と本数が限られているため、スタート地点に出向く時間はなさそうだ。宿から直接ピュイ・ド・ドームへ向かうことにする。

* 標高 1464m の火山であるピュイ・ド・ドームは、自然環境保護の観点から自転車を含む車両の通行が禁止されている。一方でハイキングの好コースになっており、ハイカーは徒歩で上るか、ケーブルカーを用いて山頂付近を目指す。

翌日に休息日を控え数日間の滞在となるため、昨夜からの宿は一軒家レンタル。朝食は自分たちで工面しなければならないから、出かけしなに近くのパン屋さんへ寄る。小さな村のパン屋さんの品揃えはそう多くなく、バゲットと菓子パンが少々ショーケースに並んでいるのみだ。何にしようか悩んでいたら、奥から親父さんが出てきて、「サンドウィッチを作れるぞ」というのでお願いすることにした。

待ち時間に、隣りにある雑貨屋*へ行く。今日はヴィラージュに行かないので、レキップ紙**を買う必要があったのだ。フランスのどんな小さな町にもだいたい一軒はある雑貨屋は、新聞、雑誌、お菓子、乾物、ちょっとした土産物のほか、場外馬券だったり、数独であったり、いろんなものが売っている。日曜の朝なのにひっきりなしに人がやってきて細々したものを買っていく。店員も住人もみんなが顔見知りな雰囲気で、いかにも小さな村らしい。

この店には小さな書籍コーナーがあり、プリドールの本を見つけた。さすが地元が近いからかな、と思って手に取ると先の5月に出版されたばかり。「レイモン・プリドールの60回のツール・ド・フランス***」というタイトルのこの本が今発売されるのは、今年のツールがピュイ・ド・ドームを通るからだろう。ツール期間中は読むヒマがな

* 「タバ」という、コンビニよりも個人商店っぽい雑貨屋さん。その名の通りタバコ屋さんがベースであるが、乾物、新聞雑誌、小さいカフェがついていたりする。

** ツール創始の大元となったフランスの日刊スポーツ新聞。ロト（l'auto）という名前だった1903年に販売部数増進の秘策として、フランス全土を駆け巡る自転車レース「ツール・ド・フランス」が創始された。現在でもほとんど大会のオフィシャルメディアとしての立場にあり、期間中はほとんど毎日ツールが一面となる。ツールを取材するメディアは毎朝ヴィラージュでその日のレキップ紙をもらうことができる。ちなみにレキップとは「チーム」の意味。

郵便はがき

お手数ですが
切手を
お貼りください

160-8571

東京都新宿区愛住町22
第3山田ビル 4F

(株)太田出版
読者はがき係 行

お買い上げになった本のタイトル：

お名前	性別	年齢　　歳

ご住所 〒

お電話

e-mail

ご職業
1. 会社員　2. マスコミ関係者
3. 学生　4. 自営業
5. アルバイト　6. 公務員
7. 無職　8. その他（　　）

記入していただいた個人情報は、アンケート収集ほか、太田出版からお客様宛ての情報発信に使わせていただきます。

太田出版からの情報を希望されない方は以下にチェックを入れてください。

□ 太田出版からの情報を希望しない。

本書をお買い求めの書店

本書をお買い求めになったきっかけ

本書をお読みになってのご意見・ご感想をご記入ください。

＊ご投稿いただいた感想は、宣伝・広告の目的で使用させていただくことがございます。あらかじめご了承ください。

＊太田出版公式HP（https://www.ohtabooks.com/）でもご意見を募集しております。

いし荷物が増えることになるので覚えていたら帰国前にパリで買うことにして、目的のレキップ紙だけを買う。このレキップ紙の一面も、なかなか洒落ている。

例のアンクティルVSプリドールの写真の中に、ヴィンゲゴーとポガチャルの2人がいる。かつてフランスを熱狂させたライバル関係を、現代の2人に差し替えたものだ。「古き良きフランス」を彷彿とさせるデザインだが、惜しむべくは、現代においてはこの2人がフランス人ではないことか……。

親父さんのサンドウィッチを頬張りながら、ピュイ・ド・ドームへ向かう。この時スタート地点のサン・レオナール・ド・ノブラでは、レイモン・プリドールに捧げるセレモニーも行われていたようで、登壇した孫のマチューも偉大な祖父との思い出を語り、感極まるシーンがあったらしい。昨夜には、この第9ステージ限定でマチューが乗る、特別なバイクの話題がSNSを賑わせていた。そのバイクには祖父がピュイ・ド・ドームを登った1964年の「例の写真」がプリントされている。祖父はこのステージで勝ちを狙える選手だったけれど、孫のマチューはより平坦路で強さを発揮するタイプだ。コースの特性的に今日はマチューが勝利を狙って走ることはないが、それでも特別な想いを持ってこの火山を登るのだろう。

*** プリドールの回想録の増補改訂版として2023年に出版。原題は「LES 60 TOURS DE FRANCE DE RAYMOND POULIDOR」。プリドールは1962年から2012年まで、一度も欠かさずツールの現場にいた。最初の14年は選手として、後年は解説者・大会関係者として。2012年以降はジャーナリストや近しい人々の証言で彼の60回に及ぶツール帯同が語られる。2024年現在未邦訳。

静かな山頂

登山列車に20分ほど揺られて到着した山頂だが、何かおかしい。フィニッシュのゲートが立ち、大型モニターや表彰台ステージも設置されているが、いつもの雑踏がないのだ。ここまで登ることを許された関係者がちらほらと歩いているだけである。無観客となると、こうも静かで、こうも奇妙なものなのか。山頂からはオーベルニュ地方、そしてクレルモン・フェランの町並があまりによく一望できるからなおのこと、まるで違う世界に来てしまったかのようだ。*

このピュイ・ド・ドームの周りにもたくさんの火山がある。「シェーヌ・デ・ピュイ」、ピュイの火山群の名前で世界遺産に登録されており、火山地帯特有の小山がぽつぽつと点在する光景はまるで違う惑星かのような奇観であるが、人のいないツールと合わさってよりシュルレアリスティックであった。この火山群が、前日のスタート地点リブルヌに注ぐドルドーニュ川の源流であり、下流に豊かなワイン畑を育んでいることは先に書いたとおりだ。

選手たちの到着にはまだずいぶんと時間がある。ピュイ・ド・ドームはハイカーにとって一度は訪れたい観光地でもあるので、しばらく山頂付近を散歩して時間を潰す。

* 観客がいないから、賑やかしのキャラバン隊も当然やってこない。時折、テラスで待ちくたびれて寝ているフォトグラファーたちのいびきが聞こえるほかは、何も聞こえない。

山頂付近にはその由来が1世紀に遡るというメルクリウス神殿跡があった。この地域に入るとどこからでもその姿が見えるピュイ・ド・ドームが信仰の場となることには何の不思議もないが、しかし標高1500m近いこの場所に神殿を建設する2000年前の人々の情熱には狂気じみたところがあるとも感じる。メルクリウスはローマ神話で旅人の守護神であるから、我々や選手たちにとってもご利益がありそうだ。

59年前にプリドールがアタックを仕掛けたのは、フィニッシュまで残り800mのところ。せっかくなのでそのあたりまで下ってみた。当時のフィニッシュラインが今と同じとは限らないため、正確な場所ではないが、ともかくその地点に立って、半世紀以上の前の「古き良きフランス」を想う。

ようやく選手たちがやってきた。ステージ優勝争いの10名ほどが通り過ぎた後で、総合優勝を狙う選手たちの中から飛び出してきたのは、やはりポガチャルとヴィンゲゴーだった。それまでの選手とはまるでスピードが違う。そして、激しい息遣いとペダリングのたびにタイヤが路面を捉える音がよく聞こえた。普段は大歓声の中でかき消される小さなディティールに、彼らが命を燃やしてこの勝負に挑んでいることを実感する。そのあとに続く選手たちが、息も絶え絶えに、ボロボロになって登ってくるのを見るとよりその実感は強まり、同時に彼ら2人が超人であることも痛感させられる……。

結果は、ポガチャルがヴィンゲゴーに対して8秒を奪い取った。59年前のプリドールほどのインパクトはないものの、第5ステージで負わされた1分以上のタイム差を徐々に巻き返してきている。現代世界最高峰をゆく2人の直接対決が接戦となったことで、主催者としてもこのピュイ・ド・ドームステージは満足のいく一日になったに違いない。休息日明けのテレビ視聴率が下がることはなさそうだ。

レキップ紙の表紙。かつての名シーンに、現代のライバルがせめぎ合っていた。

人のいないフィニッシュエリア。あまりに静かで、現実離れしていた。

祖父を想い走ったマチュー・ファンデルプール。バイク前面に例の写真がプリントされている。

この日の夕食はイタリアレストランチェーンのデル・アルテ。

休息日　クレルモン・フェラン　7月10日

今大会最初の休息日がやってきた。朝から啓兄がみんなの分の洗濯物を町のコインランドリーへ投入しに行き、帰りしなに朝食のパン・オ・ショコラを買ってきてくれた。休息日でもこの男はキビキビと甲斐甲斐しい。

我々が滞在しているのは、クレルモン・フェランを東に10㎞ほど行ったヴェルテゾンという小さな町の一軒家。ここに3泊することになっている。明日の第10ステージがこの周辺を走るばかりでなく、第11ステージのスタート地点がクレルモン・フェランだから、多くの大会関係者がこのあたりに滞在することになるようで、啓兄が洗濯を終える頃にはコインランドリーに列ができていたという。

休息日をホテルの部屋で過ごすのは気が滅入るから、一軒家はありがたい。それぞれに個室もあるし、リビングも広い。パン・オ・ショコラをつまみながら、「みんなどう過ごす?」と話し合う。それぞれに休息日だからこその仕事があったりもするのだけれど、リフレッシュする時間も必要だ。啓兄と僕は、ようやくスーツケースの奥に詰め込まれていた釣り竿の出番が来たと喜び合う。クレルモン・フェランはその都市の規模にも関わらず、珍しく市街地に大きな川が流れていない町だ。このエリアで目を引く大きな川は、クレルモン・フェランの東側を流れるアリエ川で、都合の良いことに我々の一軒家に近い。おそらく啓兄のことだから、休息日の釣りを見込んでこの場所の一軒家を借りたに違いない。

喜び勇んで川べりへ繰り出したものの、時刻は真昼とあってとにかく暑く、30分ほどで撤退を余儀なくされた。ただ、異国で釣り竿を振っているだけでも満たされるものがある。釣れなくても楽しいのだ。

一軒家にはまだ2晩滞在するから、食料品の買い出しも大事なミッションだ。取材期間中は常に外食続きで、スーパーマーケットに立ち寄ることはほとんどないが、休息日だけは例外である。異文化を旅することが好きな人なら誰しもがそうであるように、僕も外国のスーパーが大好きだ。隣町ポン・デュ・シャトーの「シュペールU」でしばしの買い物タイムを過ごす。

ところで、休息日にとっておいたボルドーのワインをこの数日で無くしてしまった。

どこを探しても出てこない。とはいえ、休息日くらいはフランスのワインを飲みたいねということで、お酒売り場へ行く。ワインの品揃えは言わずもがな。改めてボルドーを買うのも、ツールの行程を逆戻りするような気がして、この後レースが向かうコート・デュ・ローヌを選ぶ。

日本のお酒がフランスのスーパーで権勢を奮っていたのには驚いた。特にウイスキーは日本のブランドであることが信頼の証といわんばかりに、特設売り場もあった。銘柄を見てみると、あまり見覚えのないラベルが並ぶ。「庭神」という意味深な名前のウイスキーは、調べても日本語の情報がほとんど出てこない謎のブランド。まぁ自分だって、スーパーでワインを買おうと思ったら、フランスのなら何でもいいやと思うものな……。スシだけでない日本の食文化が新しくこの国に取り入れられていることに、時代を感じる。

帰宅した昼下がり、休息日だからと買ってきたビールを開ける。「1664」は、フランスの国民的ビール。セーズスワサントキャトル、と読むが長いので、バーなどで頼むときは単にセーズ、で通じる。すごく美味しいわけではないのだけど、軽い飲み口で、フランスの乾いた夏の日にはぴったり。夜ご飯はルカが、「俺が本物のイタリアンを見せてやろう」と意気込んでいるので、料理を任せる。気づけば夕暮れ時。うだるような暑さも和らいできた。

日の落ちる直前は夕マズメといって、釣り師が一番そわそわする時間だ。気づけば先ほどの川に、啓兄とふたり釣り竿を持って立っていた。釣りは釣れなくても楽しいと言ったが、嘘だ。釣れなきゃ楽しくない。夕涼みに河岸を歩く近隣住民から奇異の目で見られながらも、ひたすらに竿を振ったが魚信は無かった。さっきネットで調べたら、アリエ川にはサーモンが遡上してくるということだったのだが。肩の落とし具合で啓兄の釣果がどうだったかもわかる。

ルカが作ってくれたパスタは、とても美味しかった。赤ワインも、デザート代わりのメロンも、全てが美味しかった。少なくとも僕にとっては、「デル・アルテ」よりも確かな本物のイタリアンだった。休息日のひとときは、心穏やかに過ぎていった。

啓兄とアリエ川へ釣りに行く。昼も夕方も行ったけれど、釣れなかった。

日本ブランドウイスキーの伸長を感じたスーパーのお酒売り場。値段もそれなりにする。

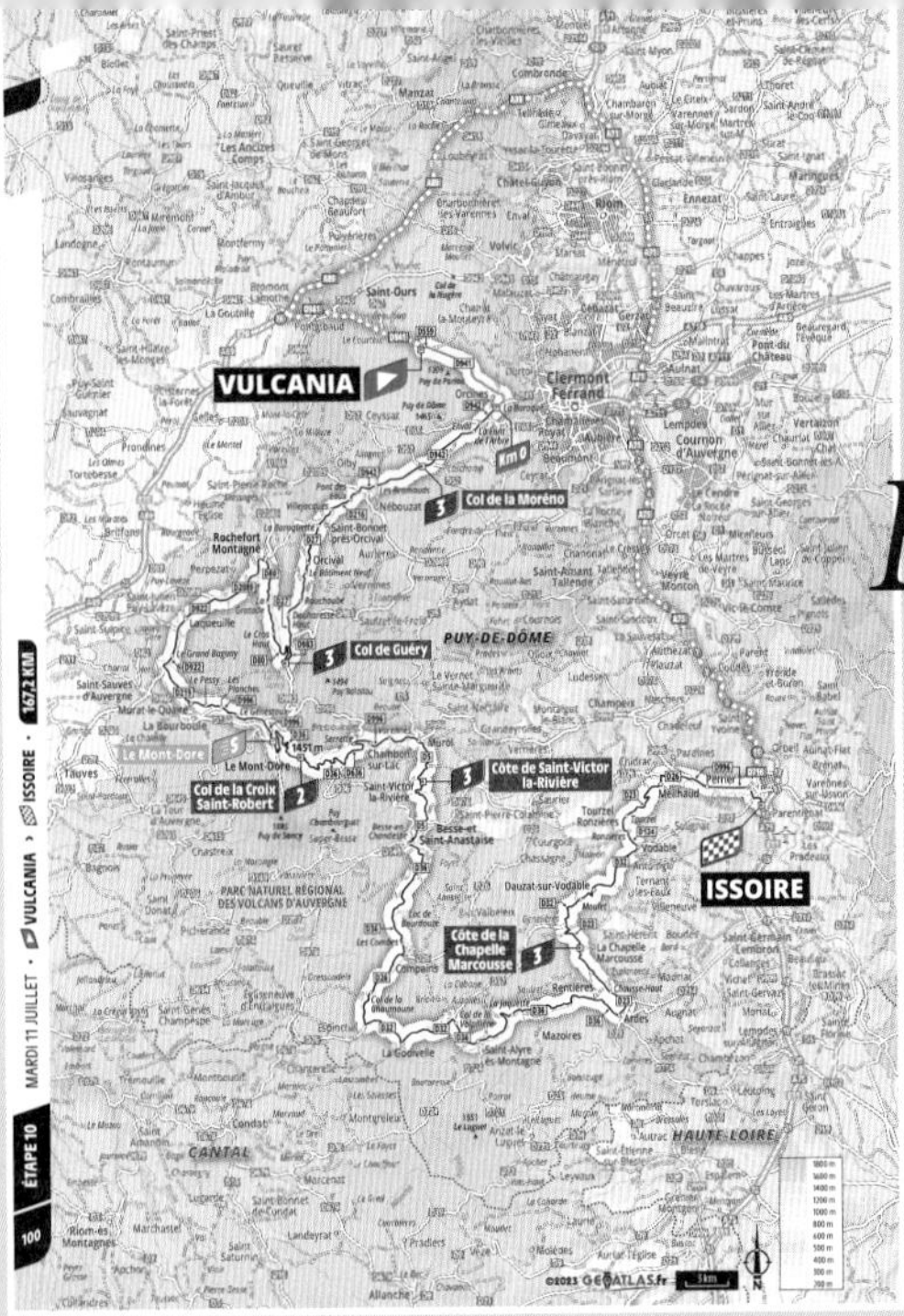

Etape 10

Vulcania – Issoire

Mardi 11 juillet

◀第10ステージ

ヴルカニア ← ……167.2km イソワール

休息日が明けて大会2週目がスタート。火山地形で起伏の激しいこのエリアを縫うように走るルートが設定された。そしてフィニッシュまでの下り基調はステージ優勝を狙って逃げる選手たち向けのレイアウト。15名ほどの選手が逃げ、最後はビルバオがステージ優勝を飾った。先の6月にレース中の落車でチームメイトのメーダーを亡くしたビルバオは、その勝利を涙ながらに彼に捧げた。

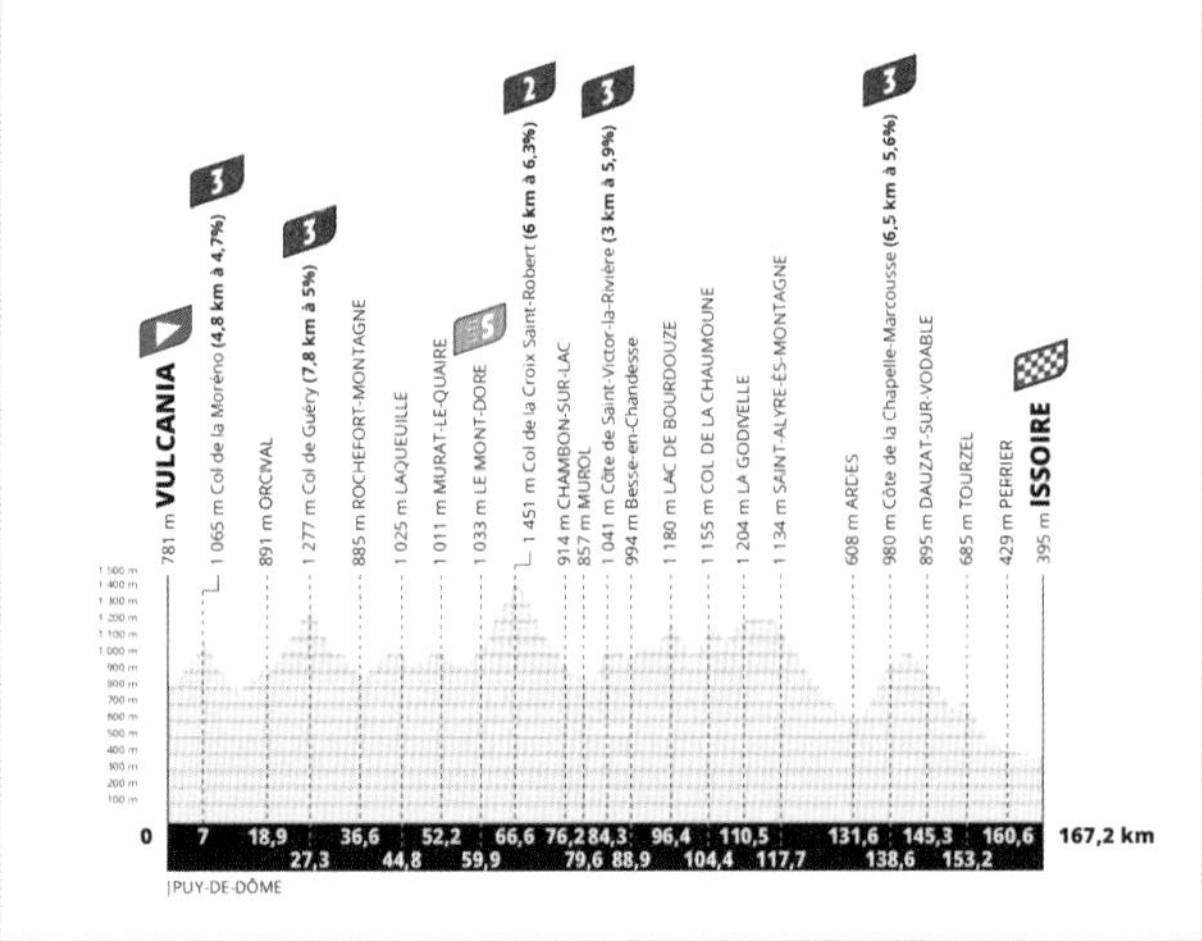

©A.S.O.

START

ヴルカニア

オーベルニュ地方の火山地帯を活用した火山テーマパーク。2002年にオープンし、広大な敷地で楽しく火山を学べる仕組みになっている。入場料は大人27ユーロから。

FINISH

イソワール

ピュイ・ド・ドーム県にある人口約1万5000人の町。メレンゲを使った菓子やマカロンが名産。町にはロマネスクの見ごたえある教会堂が残る。

ステージ順位 TOP3

1	BILBAO Pello	Bahrain Victorious
2	ZIMMERMANN Georg	Intermarché-Circus-Wanty
3	O'CONNOR Ben	AG2R Citroën

総合順位 TOP3

1	VINGEGAARD Jonas	Jumbo-Visma
2	POGACAR Tadej	UAE Team Emirates
3	HINDLEY Jai	Bora-hansgrohe

ポイント賞

PHILIPSEN Jasper

山岳賞

POWLESS Neilson

ヤングライダー賞

POGACAR Tadej

第10ステージ　ヴルカニア〜イソワール　7月11日

ロマネスク建築が遺る村

この日のスタート地点「ヴルカニア」は、火山のテーマパーク。「ヨーロッパ火山公園」とも呼ばれる、火山群が名高いこの地ならではの大規模アトラクションだ。この春にはフランス最大のプラネタリウムがオープンしたばかりなので、観光プロモーションの一環としてツールのステージスタートを呼び込んだ。敷地は広々としており、たくさんの観客が集まってもなお空間に余裕がある。普段の町中でのスタートは、とにかく人でごった返していてカオスではあるけれど、どこか整然としたスタート地点にいるとそのカオスが懐かしくもなるのだった。

広々と感じられるのは理由があって、どうやらこのテーマパークのアトラクションの多くは地下に設置されているらしい。おかげでここにどんなアトラクションがあるのかは分からずじまいだったが、案内図に「NAMAZU」*というジェットコースターがあるのを発見した。

火山がこの地の人々にとって象徴的なものであることは、郷土菓子にも表れる。そ

* 地震についての学習アトラクションらしいが、こんなところで日本の魚の名前にお目にかかるとは思わなかった。

の場で振る舞われていた「ラ・プゾラーヌ」というビスケットは、ピュイ・ド・ドーム生まれのおやつであるらしい。その名前はポゾランという火山灰に含まれる物質を指すそうで、お菓子の見た目がこの地の火山地帯に見られる砂利に似ていることが由来。世界遺産のピュイ火山群とヴルカニアを観光した際には、うってつけのお土産かもしれない。

ヴルカニアからフィニッシュ地点のイソワールまでは、直線距離で50㎞もない。そのためあえて迂回して、中央山塊の起伏の激しい火山地帯を通るルート設定がされている。最初の撮影ストップでクルマを駐めたのは、およそ19㎞地点のところにあるオルシヴァルの村だった。人口300人に満たない小村だが、それに似つかわしくないほど立派な教会堂が建っている。村は谷間になっており、その最も低い部分にこのロマネスク様式の教会が凛としていた。ひと目で気に入り、なんとかうまく選手たちと絡めて写真を撮れる場所はないかと村中を歩き回る。きょろきょろと辺りを伺っていると不憫に思われたのか、道端にいた少年が「写真を撮りたいならいいところがあるよ、着いてきて」と声をかけてくれた。

そこは小さくて新しいホテルの敷地の中だった。「ほら、ここからの景色はいいでしょう？」と彼が言う通り、ノートルダム教会が大きく見えるいい場所。しかし肝心の道路が画角に入らない。「いい景色だけど、選手たちが通るところを撮りたいんだ」と言うと、「僕は自転車レースのことはよくわからなくて、ごめん」と申し訳無さそうな表情をする。彼の父がこのホテルを経営していて、谷間に面したテラスは宿泊客のための特等席なのだという。やはりこの立派な教会堂が、オルシヴァルの人たちの誇りであるようだ。

小村で日本人は目立つらしい。今度は、軒先に椅子を出してツールの到着を待っていたご婦人に「どこから来たの？」と話しかけられる。「日本です」と答えると、「ずいぶん遠いところから！　大変よみんな！」と大声を張り上げ、家の中から5人ほどがぞろぞろと「なんだなんだ」と出てきた。意外な珍客に好奇心を隠しきれないようで、しばらく質問攻めに合う。彼らにとって日本は遠い国だと同時に、こんな山間の村なのに、先ほどの少年といい住人がずいぶんと人好きだなとも思った。ちなみにこの村の名前から、日本でも百貨店などで見かけるフレンチボーダーシャツのブランド名「オーシヴァル」がとられているが、ボーダーを着ている村人は見かけなかった。なんでも創業者がこの村が好きだから、ブランド名にしてしまったらしい。

クネッセラーレのヒーロー

2箇所目の撮影ストップは2級山岳ラ・クロワ・サン・ロベール峠。

啓兄は、峠の登りではなく下りで撮りたいというが、山頂を越えてみるとその理由がわかった。周囲がお椀を逆さまにしたような山々で、火山地帯らしい風景が広がっている。それに、格好の観戦スポットである登り坂（選手のスピードはゆっくりで、表情が良く見える）とは異なり、一瞬にして選手たちが通過していく下り坂で、わざわざ観戦を決め込む物好きは多くない。撮影場所をじっくり選ぶことができる。

だが、やっぱり物好きはいる。下りの中腹にキャンピングカーを駐めて、犬と一緒に観戦している老夫婦は、ベルギーから来ていて、このツールを全日程追いかけているという。それが毎年の恒例行事になっていて、今年で19回目だとさらりと口にする。

ベルギーは、世界屈指の自転車王国として有名だ。ざっくりいうと国の半分がフランス語圏のワロン地方、もう半分がフラマン語圏のフランドル地方だが、とりわけフランドル地方は自転車ロードレースの首都と言ってもいいくらいに競技熱が高い。それには様々な要因があるが、悪天候と石畳などの悪路をもろともしない屈強な選手を続々と輩出したこと、とりわけ1970年代に活躍した史上最強の選手エディ・メルクスの存在は、この地を自転車競技の聖地にしたと言っても過言ではないだろう。必然的に熱心なファンも多く、国境を越えてツールの沿道のそこかしこでベルギー国旗やフランドルの旗を見かける。さすがに全日程を追いかける夫婦はその中でもかなり特別ではあるが、フランドル人ならば不思議ではない。毎日レースと共に動いているから、無理して人混みの中に行くこともなく、ゆっくりと自分たちの時間を過ごすためにこうして下り坂にキャンピングカーを駐めているのだ。成熟した観客仕草である。人生の少なくない割合を自転車競技に捧げているこの夫妻に、「いつから自転車レースを見ているのですか」と尋ねた。

「説明するのは難しいね。他の地域の人からしたら理解に苦しむだろうが、フランドル出身ということは、自転車競技と一緒に生まれているということなんだ」

そう言って夫婦は揃ってにこりと微笑むのだった。大きく広げられた応援旗には、「BJORG 143 #EVER IN OUR❤❤」と書かれている。いよいよ選手たちがやってくる段になって、なぜ彼らが人垣を避けてこの場所に陣取ったかがわかった。

ビョルグ・ランブレヒトはベルギーの未来を担うと言われた若き天才レーサーだった。フランドル出身の選手は大柄なことが多く、また国土に大きな山岳がないこともあり、パワーを活かすワンデイクラシックのスペシャリストを目指すのだが、ランブレヒトは例外的に登坂もこなせるオールラウンダーとしての才能を見せた。しかし2019年、ポーランドで行われたレース中に落車で命を落とした。若干22歳だった。もしこの悲劇的な事故が起きていなければ、このツールで総合優勝を争っていたかもしれない。夫妻はベルギー、フランドル地方の小さな町クネッセラーレに住んでいるが、ランブレヒトはこの町のヒーローだった。町民みんなにとって、彼は息子同然であり町の誇りでもある。その彼を今も悼んでいるのだ。彼が走ることのなかったツール・ド・フランスの、人垣を離れた静かな下り坂の中腹で。

夜に来客があった。日々移動の旅暮らしをしていて、来客という言葉を使うのも妙な感じがするが、宿泊しているヴェルテゾンの一軒家に水谷壮宏監督*がいらしたのだった。水谷監督は、元プロ選手でフランス在住。この時期、日本のチームの監督を務めていた。お住まいがクレルモン・フェラン郊外ということで旧知の啓兄の顔を見に遊びに来てくれた。手土産に持ってきてくれたワインはヴァントゥー。ツールでは死

* 水谷壮宏監督は、スプリンターとして鳴らした現役時代からフランスで活躍。2024年にはフランスの女子チームの監督に就任し、指揮をとっている。

人口300人ほどのオルシヴァルだが、過去にも数度ツールが通っているという。

の山として恐れられるプロヴァンスの難関山岳の麓は、ロゼが有名でもある。自転車人らしいさすがのチョイス。フランスの自転車事情やクレルモン・フェランの町について、楽しい談笑の夜が更けていった。

オルシヴァルの村人、フランドルから来た夫婦、水谷監督……ツールという自転車レースを追いかけているはずなのに、いろんな人生に触れていることが不思議だ。ツールの2週目のはじまりには、明日もある、明後日もある……と先行きを億劫にも感じたが、今日の出会いを振り返って、明日があることはなんとも幸せなことだと思うようになった。大会2週目は、どんな日々がやってくるだろうか。

オルシヴァルのノートルダム教会。村の一番低いところに立つ教会は珍しい。

ベルギーからのファン。夭折した郷里のヒーロー、ランブレヒトを今も想っている。

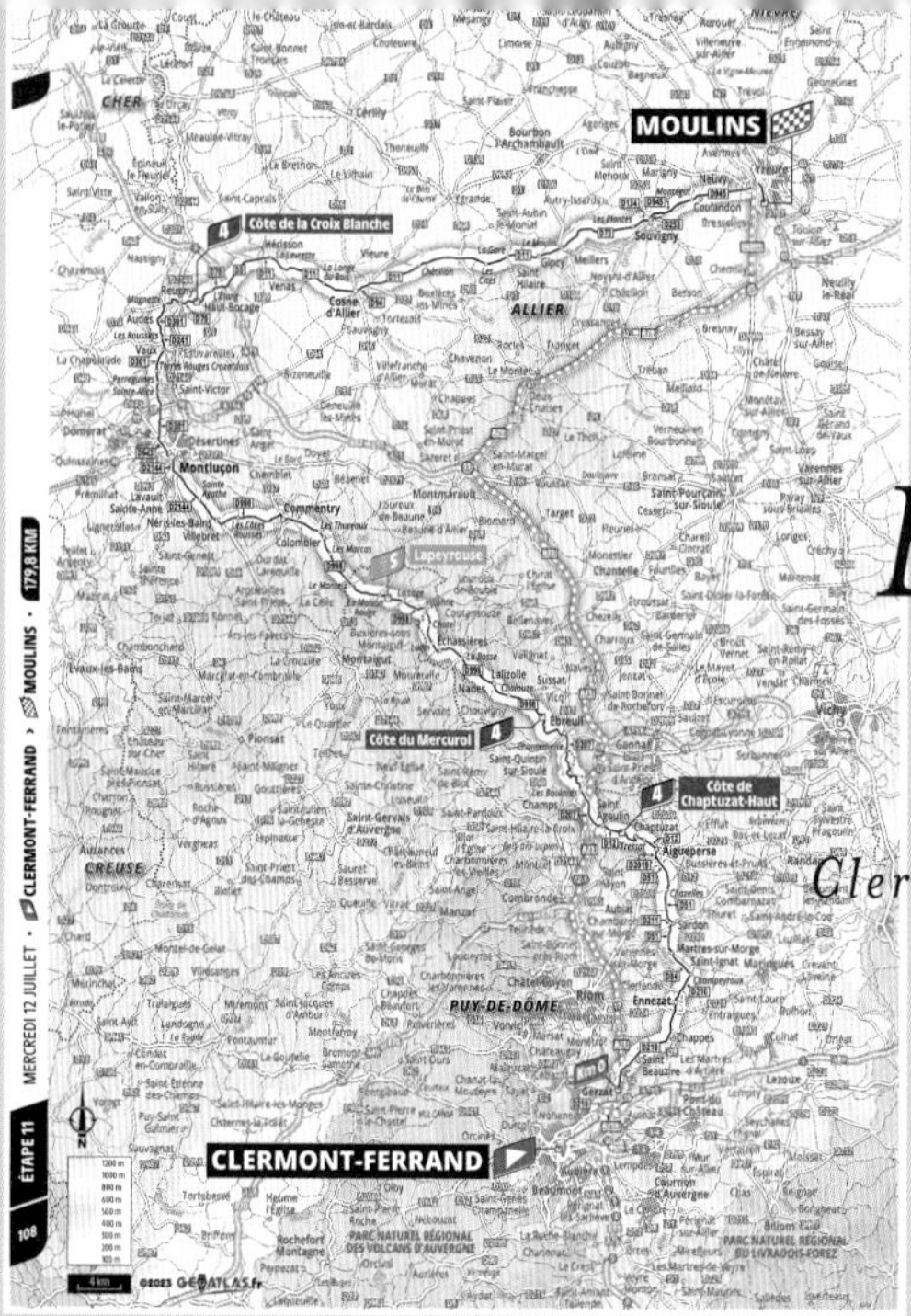

Etape 11

Clermont-Ferrand – Moulins

Mercredi 12 juillet

◀第11ステージ

クレルモン・フェラン←ムーラン

179.8km

後半にかけて平坦基調のコースはスプリンター向き。メイン集団は逃げた選手を順当に抑え込み、勝負は集団スプリントに。ここまでステージ3勝を飾っていたフィリプセンが、再びの勝利を飾り4勝目。この日はこれまでと異なりファンデルプールの強力なアシストが無くても勝てることを証明した。その他の強豪スプリンターたちは今大会、完全に抑え込まれてしまっている。

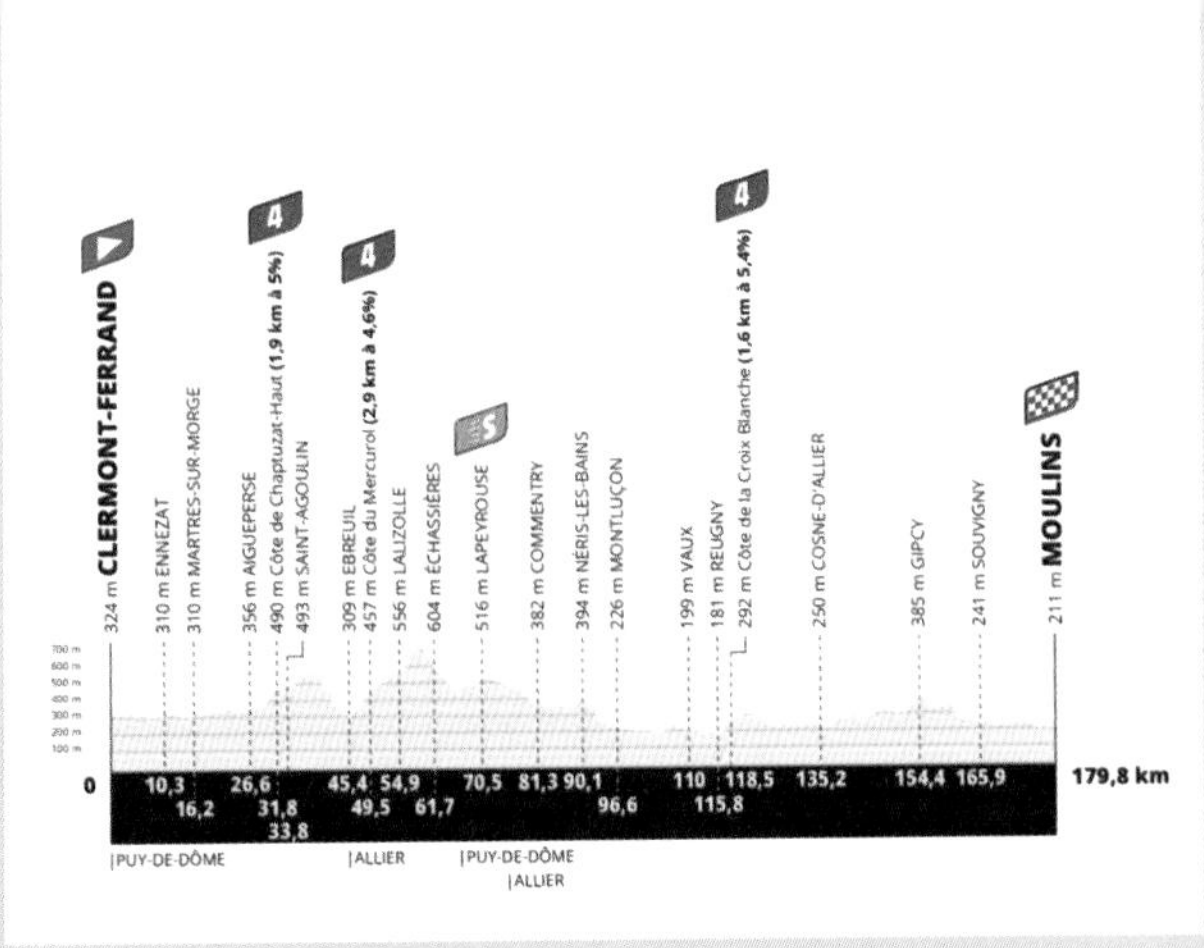

START

クレルモン・フェラン

ピュイ・ド・ドーム県の県都にしてフランス中部の主要都市。人口15万人。タイヤメーカーでグルメ格付けのミシュランが本社を置く。溶岩でできた黒い大聖堂で知られる。

FINISH

ムーラン

アリエ県の人口約2万人の町。その名前は「風車」を意味する(パリのムーラン・ルージュ参照)が、実はかつてこの町に多数存在していた水車にちなむという。

ステージ順位 TOP3

1	PHILIPSEN Jasper	Alpecin-Deceuninck
2	GROENEWEGEN Dylan	Team Jayco–AlUla
3	BAUHAUS Phil	Bahrain Victorious

総合順位 TOP3

1	VINGEGAARD Jonas	Jumbo-Visma
2	POGACAR Tadej	UAE Team Emirates
3	HINDLEY Jai	Bora-hansgrohe

ポイント賞

PHILIPSEN Jasper

山岳賞

POWLESS Neilson

ヤングライダー賞

POGACAR Tadej

第11ステージ　クレルモン・フェラン〜ムーラン　7月12日

ミシュランの町へ

三日の滞在ながら思い出の詰まったヴェルテゾンの一軒家を引き払い、スタート地点のクレルモン・フェランへ向かう。ピュイ・ド・ドーム県四日目にしてようやく県庁所在地へ赴くと、やはりこれまでの町とは規模が違う。スタート地点は久しぶりに人でごった返していて、しっくりくる。

ここクレルモン・フェランもまた、自転車熱の高い地域である。大きな街だから大勢の人出があるのはもちろんだが、お気に入りの選手をめがけて応援にやってきている人も多い。この日、クレルモン・フェランの住人たちのお目当て選手は2人。スーダル・クイックステップという外国チームに所属している2人のフランス人選手だ。

自転車王国ベルギーのチームに在籍、フランス人ながらその実力が買われツールメンバーに抜擢されたレミ・カヴァニャは、ここクレルモン・フェランが地元。その独走力からついた渾名は「クレルモン・フェランのTGV」。TGVとはフランス版の新幹線で、かつては日本の新幹線と最速競争を繰り広げた高速列車の雄。フランス国民にとってその発達した鉄道網と速度は誇りで、その名を頂く選手は愛されていることがわかる。それに、クレルモン・フェランにＴＧＶは発着しないという事実もあって、どこかアイロニックなフレンチエスプリを感じさせる渾名でもある。*

　しかし、カヴァニャのこの渾名にはひとつ問題がある。肝心のＴＧＶがその名称をいま失いかけているのだ。フランスの国鉄であるＳＮＣＦが２０１７年から推し進める鉄道改革の中で、ＴＧＶのリブランディング案として、２０２０年までにｉｎＯｕｉ《イヌイ》という名称に変更すると発表された。inouï という形容詞が「未知の、驚くべき」といった意味を持ち、またフランス語のyesにあたるoui《ウイ》という音がＳＮＣＦの他ブランドとの親和性も高いということで採用されたが、誇り高きＴＧＶという名を失うことを嘆く国民は多い。２０２３年現在、すべて名称が予定していたように差し替わったわけではないが、ＴＧＶという渾名自体が時代性を帯びることになってしまった。

　そんなカヴァニャだが、このピュイ・ド・ドーム県に入った数日間のステージで見せ場を作ろうと積極的に動いたわりに結果が伴っていない。チームバスから姿を現し

* 日本ならさしずめ「奈良市の新幹線」と言ったところだろうか。あんまり格好良くないが……。

た彼に、大観衆からは「ブラボー！　レミ！」と激励が飛ぶ。

もうひとり観客のお目当ては、ジュリアン・アラフィリップ。２年連続で世界チャンピオンに輝いたことのある生粋のスター選手で、ここ数年はフランス国民の期待を一身に背負っている。「ルル」の愛称で呼ばれハンサムで茶目っ気のある彼は歴史に残るチャンピオンであることは間違いないけれど、ここ数年は度重なる落車に見舞われ、本来の走りを取り戻せていない。このツールでも連日、まるで三下選手がするようなアタックを繰り返しては散っていて、どこか痛ましくも見える。この日のレース中盤に彼が育ったモンルソンの町を通過するということもあり、やはり「アレ！*　ジュリアン！」の声援が大きい。

レースがスタートし、最初の撮影場所へ向かう道すがら、ミシュランの大きな工場が見えた。続いて、「ラヴァンチュール・ミシュラン**」の看板。ここクレルモン・フェランは、ミシュランの町である。

ミシュランというと、タイヤのブランドであり、同時に美食ガイドの格付けも思い浮かぶ。タイヤメーカーだったミシュランが、自動車の普及に伴って、地図や観光ガイドブックを手掛けるようになり、のちに信頼できる美食ガイドとして確立していっ

* Allez と書く。フランス語で Go の意味で、文字通り「行け！　頑張れ！」の意味。選手を応援するときは､「アレ！○○！」と声をかけよう。
** ミシュラン本社近くにあるアトラクションパーク。同社の歴史は乗り物の歴史であることがわかる展示。入場料：大人 12 ユーロ、17 歳まで 8 ユーロ、7 歳以下無料。
32 Rue du Clos Four, 63100 Clermont-Ferrand, France

たことは広く知られている。だが、そもそものタイヤブランドとしてのスタートが自転車のブレーキパッドであったことはそこまで知られていない。今日では金属や樹脂に取って代わられているが、長らく自転車のブレーキパッドはゴム製だった。

1889年の万国博覧会で成功を収めたミシュランは、ゴム製品の開発を推し進め、自転車のタイヤを制作するに至る。そして1891年、1200kmを休みなく走る（！）超人レース、パリ〜ブレスト〜パリ*で優勝したシャルル・テロンがミシュランのタイヤを履いていたことで、自転車タイヤメーカーとしての立ち位置を確固たるものにしていく。その数年後には自動車のタイヤも手掛けるようになり、ミシュラン社はクレルモン・フェランのみならずフランスを代表する企業になっていったのだ。

エブルイユの町

最初に決めていた撮影場所に辿り着く前に、クルマが停まった。眼の前にはヒマワリ畑が広がっている。これを逃がす手はない。必ずしも理想的なヒマワリではないが、フランス中部での遭遇は珍しい。理想的でない大きな要因は、この日の天気である。とにかく暑かった昨日から一転、この日は曇り空で肌寒いくらいなのだ。その気温差

* 1891年に開始された自転車レース。その名の通り、パリをスタートしてフランスの西の果て、ブルターニュ地方ブレストまで行き折り返してくるという1200kmのレース。ツールと異なり、不眠不休で走ることが求められ、あまりの過酷さにしばらくは開催は10年に1度だった。1948年からはレースと併催されていたアマチュア参加型イベントとして3〜4年に一度の開催となった。今日でも4年に一度開催され、世界中の愛好家が制限時間90時間内での完走を目指して1200kmに挑む。

15℃。なんという落差。昨夜から遠くでゴロゴロと雷が鳴っていたけれど、朝から続くぐずついた天気は10日ほど前のバスク地方を思い出させて、どうしてもヒマワリが映えないのが残念だ。

2箇所目の撮影ストップはエブルイユの町。スタートして45㎞地点のこの町にまず先頭を走る3名の選手がやってきて、そしてほどなくして大集団が通り過ぎていった。「クレルモン・フェランのTGV」も「ルル」も集団内で息を潜めるように走っていた。残念ながら今日は彼らの日ではないようだ。

コース近くの住宅前に駐められていた古いプジョー204は、今日のフランスでもなかなか見ないようなクラシックな佇まい。しかし何より目を惹くのは、その屋根にちょこんと座るムッシュー・ビバンダム。さすがはミシュランのお膝元。印象的なこのマスコットは本社でこそ今も「ビブ」の愛称で親しまれているらしいが、日本では「ミシュランマン」とひねりのない呼ばれ方をしていて、情緒がない。愛称というのは大切だ。つくづく、失われゆく高速鉄道の哀愁すら漂わせる「クレルモン・フェランのTGV」はいいセンスをしている。ちなみにこのビバンダムくん人形をクルマの屋根に載せる文化は1950年代から流行り出したらしい。特に長距離移動のトラックドライバーはこぞって載せたがったようで、フランスにもある種のデコトラ文化があったわけだ。

フィニッシュ地点のムーランには、その町名が意味する通りに風車があるのだろうと期待して車窓の外を眺め続けたが、ついに風車が姿を表すことはなかった。とはいえ、全体的に均整のとれた小綺麗で感じのよい町であった。町の人に「風車はどこにあるのですか?」と聞くと、「昔はたくさんあったらしいけど、今はないね」とのことだった。この回答は全く正しかったのだが、根本的に質問が誤っていた。ムーランといっても、ムーラン・ア・オー、つまり水車のことを指しているのだった。パリのムーラン・ルージュは、赤い風車のキャバレー。そのイメージに引きずられてしまい、てっきり風車だとばかり思い込んでしまった。

確かに、アリエ川に沿うように広がっているムーランの町の作りを見れば、水車の方が自然だ。すでにオーベルニュの山を抜けて平野の穀倉地帯に風景が変わってきているから、かつては粉引の水車があったとしても不思議はない。このアリエ川は、休息日にサーモンを釣りに行って惨敗をした川で、あの場所から100kmほど下流ということになる。ツールをクルマで追いかけているとかなりの距離を移動したような気になるが、川という単位で見てみると、また地理的なスケール感が変わってくる。第8ステージのスタート地点リブルヌはドルドーニュ川の河口域で、その源流は第10ステージの2級山岳ラ・クロワ・サン・ロベール峠の南に位置するピュイ・ド・サンシーという山だった。

ツールは町と町をつなぐレースだが、地理歴史上において町と町を繋いでいるものは昔も今も川だということだろう。アリエ川はこのムーランから60㎞ほど北上した下流でフランス4大河川のひとつ、ロワール河に注ぐ。ロワールはそこから西へと国を横断しながら流れ、オルレアン、トゥール、アンジェ、ナントと、こちらもフランスの歴史と文化の香る町を経由して大西洋に注ぐ。今年のツールはこの先アルプス山脈を目指して東へと進むので、このアリエ川からロワール河に至る流れとはここでお別れだ。

ムーランの町がツールを迎え入れるのは史上初めてのことだという。しかし、後にフランス王家となるブルボン家がムーランで活躍し、貴族文化が根付いた歴史ある町並みは、華やかなツールのフィニッシュ地点に相応しい。服飾や舞台芸術といった文化産業も盛んであり、お針子だったガブリエル・シャネルが世界のファッションに衝撃を与えるココ・シャネルとしての第一歩を踏み出した町でもある。そんな素敵な町でもじっくり見て回る余裕は例によってなく、足早に宿へと急いだ。

コウノトリと長い夕食

毎日あっという間に過ぎていくレースの日々。だが、この日は夜が長かった。

ムーランから東へ60kmほどのところにあるディゴワンという町のホテルにチェックイン。こじんまりとした風景は、これまで数多く通ってきた名前も知らない町々を思わせるが、水曜日の夕方だというのに閑散としている。もしかしたらツールが来なければ、田舎のどこの町も同じようにひっそりとしているものなのかもしれない。むしろ、毎日通り過ぎている町の盛り上がりは、一年に一度もないお祭り騒ぎなのだ。このディゴワン、小さな運河が流れていて愛らしい風景ではあるが本当に人気がない。飲食店もほとんど見当たらず、選択肢がホテル付属のレストランか、その50m隣にあるタイ料理屋の2つだけだ。ルカは僕と違って特別アジア料理が好きな訳ではないので、機嫌のよい時にしか提案できないが、「たまにはタイ料理もいいものだよ」と伝える。そのプレゼンに込められた静かな熱気を感じとってくれたのか、珍しくアジア料理の夜となった。……が、いつも開いていることが魅力のフランスのアジア料理店であるはずなのに、この日は閉まっていた。住人はそろってバカンスに出かけてしまったのだろうか。あまりに町が閑散としすぎている。うなだれながらホテルのレストランへと戻ると、ここもやっていなかった。町全体から、旅人に食事を与えようという気概を感じない。レストランの主人は、「ちょっと歩いて教会の広場に行けばたぶんカフェが開いてる」とそっけなく言うだけだった。

とぼとぼと男4人で教会へと歩く。僕はもうアジア料理が食べられないだけでガックリきてしまって、足取りが重い。教会前の広場に出ると、確かに一軒だけカフェが開いていてテラス席が空いている。もう我々に選択肢はない。着席し渡されたペラ1枚のメニューは、この時間はビールがメインだからね、とそっけなく釘を差してくるようであった。食事に対する情熱が感じられないのだ。4つか5つの料理名がリストにあるが、オムレツとか安ステーキとかこの手のレストランでは期待できないものばかり。どれも食欲をそそられず、消去法にかけると全て消えてしまう始末。困った。

頼んだビールはすぐにやってきた。まずは乾杯する。人のいない町だけど、目の前に見える教会はなかなか綺麗だし、こうやってビールを飲みながら眺める分には悪くない。

それからが長かった。まったく料理が運ばれてくる気配がない。我々より先にテーブルについていた男性も、じっとひとり料理の到着を待っている。フランスのレストランは待って当然のものだけれど、それにしてもやって来ない。教会の屋根にコウノトリのつがいが巣を作っていて、時たま飛び立つ姿を、「おお、すごいね」と興奮していたのも最初の10分くらいのもので、空腹も相まってだんだん無関心になってくる。ただの大きい鳥がいるだけである。人のいない町のくせに、爆音でオートバイを走らせる迷惑な若者が10分おきくらいに広場を通るせいでいらいらする。彼らの周回コースになっているらしい。しかし、みんながみんな空腹で口数も少ないので、彼らがやってくるととりあえず会話が生まれて多少心穏やかになる。一体どういう状況なんだ。1時間半経っても料理は来ず、特にやることもないので教会の周りをぐるりと一周散歩していたら、ようやく皿が運ばれてきていた。消去しきれない消去法で選んだハンバーガーはよくわからない味がした。消去しておけばよかった……。じっと待っていた男性も料理を口に運んでいるが、散々待たされたはずなのに表情に喜びはなかった。

日が沈みかけ、夕日に染められた教会はことさら綺麗だった。もうコウノトリは巣の中で寝始めているらしく、姿は見えなかった。だがこんな夕暮れ時なのに、空には虹が架かっていた。その時ふと実感する。この虹を見るために、こんなにも人のいない小さな町へやってきて、あんなにも食事を待たされたのだと。たぶん一番に忘れてしまいたいような町の名前を、この虹を見たことでずっと覚えているのだろう。ディゴワン。なんだかんだで、この旅を楽しんでいる自分にも気づくのだった。

ビールは早く来たがここから長かった。背景の教会の屋根にコウノトリの巣があった。

年季の入ったプジョー 204。クルマのタイヤがミシュラン製かは……見るのを忘れた。

上：ディゴワンの夕暮れに架かる虹。
左：ムッシュ・ビバンダムことミシュランマンを屋根に載せるのはだいぶ昔からの流行らしい。

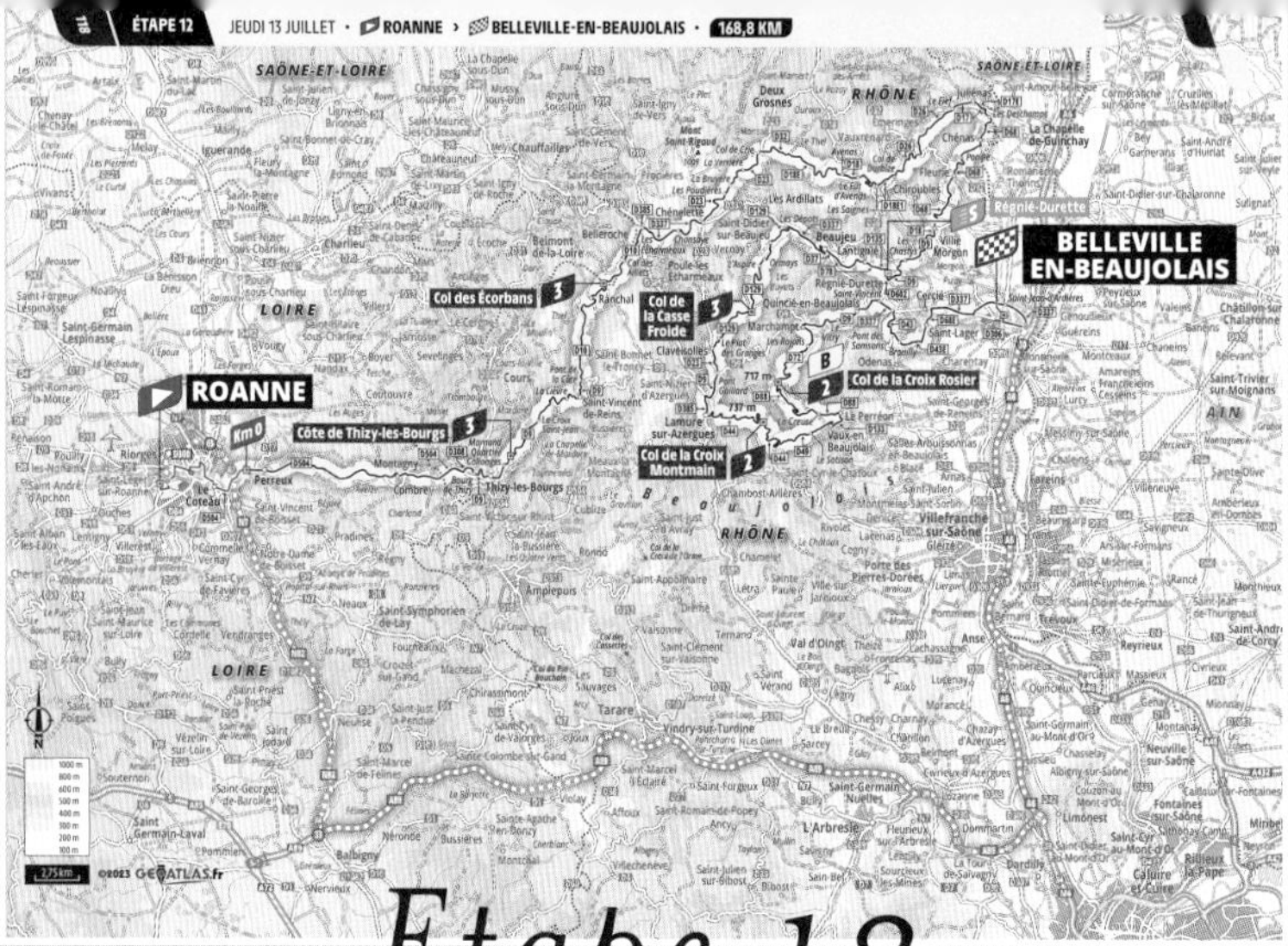

Etape 12

Roanne — Belleville-en-Beaujolais

Jeudi 13 juillet

◀第12ステージ

ロアンヌ ← 168.8km ベルヴィル・アン・ボジョレー

プロトンはアルプス方面へとじわじわと東進。ワイン産地で知られるボジョレーエリアの丘陵地帯を駆けるステージは終盤にかけて山岳が3連続。逃げた選手たちによるステージ優勝争いとなり、最後の2級山岳でひとり飛び出したイザギレが逃げ切り優勝。コフィディスチームに今大会2勝目をもたらした。総合勢は翌日以降を見据えて大きな動きを見せること無くレースを終えている。

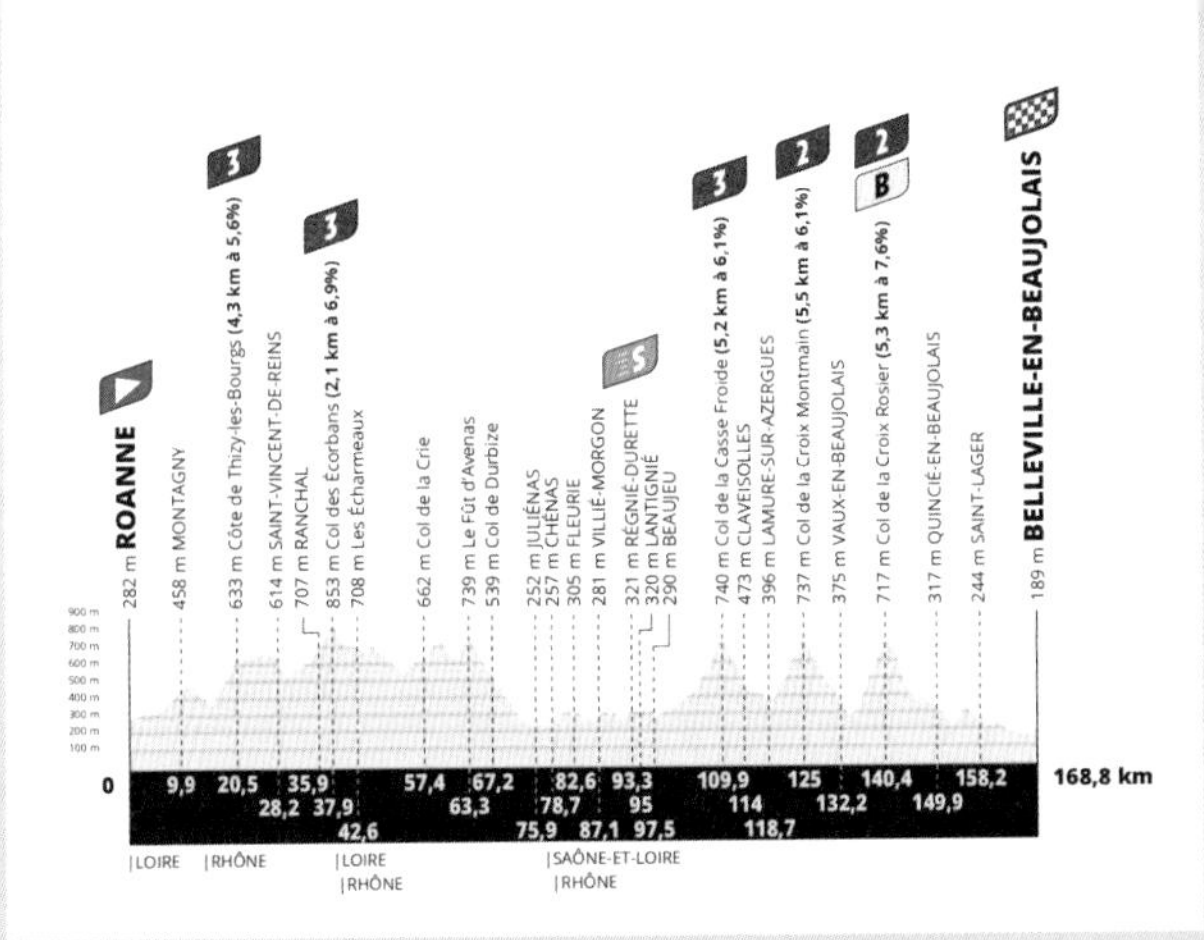

©A.S.O.

START

ロアンヌ

ロワール県の人口3万4000人の町。ツールに登場するのは実に2回目。郊外にスカラベという名前の巨大な演劇ホールがあり、この日のスタート地点となった。

FINISH

ベルヴィル・アン・ボジョレー

直訳すると「ボジョレーの美しい町」。2019年の町村合併で生まれた新しい町で、ワイン産地らしくブドウ畑に囲まれている。人口およそ1万3000人。

ステージ順位 TOP3

1	IZAGUIRRE Ion	Cofidis
2	BURGAUDEAU Mathieu	TotalEnergies
3	JORGENSON Matteo	Movistar Team

総合順位 TOP3

1	VINGEGAARD Jonas	Jumbo-Visma
2	POGACAR Tadej	UAE Team Emirates
3	HINDLEY Jai	Bora-hansgrohe

ポイント賞

PHILIPSEN Jasper

山岳賞

POWLESS Neilson

ヤングライダー賞

POGACAR Tadej

第12ステージ　ロアンヌ〜ベルヴィル・アン・ボジョレー　7月13日

アンリ・アングラードの故郷

前夜の食事はツキに見放されたようであったが、朝に階下へ降りるとクロワッサンとオレンジジュース、そしてボウルにたっぷり入ったカフェオレと、極めてフランス的な朝食が待っていてにっこりする。ランチョンマット代わりにテーブルに敷かれていたソーヌ・エ・ロワール県の地域観光マップ*には、それぞれの町の観光名所やアクティビティがイラストで可愛らしく描かれている。ツール取材で足早に通り過ぎるのが返す返す残念だ。

ロアンヌの町がこの日の出発地だが、「スカラベ」という名前の巨大演劇ホールの敷地内にスタート地点が設定されていて、いわゆる町中ではない。先日のヴルカニアのように、郊外で広々としている。今日も総合優勝争いが起こるようなコースではないから、風景を撮るのがメインになりそうだ。今年は例外的に大会1週目に総合勢の激しいバトルが繰り広げられたため、この2週目はどこか静かに過ぎている。翌日に

* 地図にはこの県の南の端にあるマコンの町まで描かれていて、「ブルゴーニュワインとクリマ博物館」の建物の下には、ソーヌ川に腰まで浸かり大ナマズを釣り上げている釣り人のイラストがあった。

はいよいよアルプス山脈へと入っていくため、ポガチャルもヴィンゲゴーも今日は動かないだろう。とはいっても、簡単な平坦ステージではない。この日のフィニッシュ地点ベルヴィル・アン・ボジョレーは、あのボジョレー・ヌーボーで有名なワインの産地。ボルドー一帯と違いこの界隈の「ワイン畑」は丘陵地帯である。終盤にかけてアップダウンを繰り返すことになる。

ツールの旅を続けていると、点と点がつながることがたまにある。撮影場所への移動中、スタートから47km地点のシェネレットは、町を挙げてアンリ・アングラードという選手にオマージュを捧げていた。掲げられた大きな肖像写真を見るに、1960年代ごろの選手だろう。フランスチャンピオンジャージを着ているから、名選手だったことは間違いない。この時は、スマートフォンで写真を撮っただけで通り過ぎてしまったが、あとで調べてみると、「ナポレオン」と渾名された時代を代表する選手だった。フランスでナポレオンと呼ばれるのは、並大抵のことではない。そして彼と今大会とのいろいろな繋がりも同時に見えてきた。まず、ピュイ・ド・ドームで紹介したアンクティルとプリドールの激戦となった1964年のツール。アングラードは彼らに混じって好走を見せ、総合4位でレースを終えていた。このシェネレットには彼の住まいがあったということだ。

そしてもうひとつは、ランド地方を走る第4ステージで立ち寄ったノートルダム・デ・シクリスト教会。レース開催中は固く門を閉ざしていて中に入ることが叶わなかった自転車乗りの聖母教会は、歴史に残る自転車レースの名シーンを刻んだステンドグラスが有名なのだが、それをデザインしたのがこのアングラードだという。選手時代から芸術家肌であった彼はしかし、2022年に亡くなった。シェネレットの町は、は没後間もない往年のチャンピオンを、このツールで弔う。

シェネレットを過ぎてしばらく東に山道を走ると、いきなり視界がひらけた。広々とした平野になっていて、これまで走ってきたエリアと明らかに景色が違う。この平野を一望できる高台に突き出すようにテラスが設置されている。「ラ・テラス・デュ・ボジョレー」*、そこが啓兄がこの日の撮影場所に選んだ場所だった。

フランスワイン事情

田舎道の脇で、家族がピクニックをしながらレースの到着を待つ。手にはハムとチーズのサンドウィッチと、赤ワイン。そんな写真は、ながらくツールを象徴するもの

* ここはカフェレストランになっていて、地元の自転車乗りやモーターバイカーたちが週末には大勢来る場所らしい。それも納得のロケーションだ。そしてここはボジョレーのワイン産地としての性格が特別色濃い場所である。ここシループル村は、ボジョレーワインの中でも10の産地しか名乗ることのできないクリュ・ボジョレーに入っており、テラスでは多くの人がワインを楽しんでいる。

であり、クリシェですらあった。まだ写真がモノクロームの時代から、多く撮られてきた構図だが、最近はめっきり見かけることが少なくなってきた。年々暑くなり日中にピクニックする人が減ったとか、レース展開が速くなりフォトグラファーもほのぼの風景を撮っている暇がなくなったとか、いろいろと理由は考えられるが、おそらく最も正しいのはフランス人がワインを飲まなくなったことだろう。ワインの国*フランスではあるが、その消費量は減っている。1975年、——これはツールの黄金時代とも重なるのだが——には国民ひとり当たりのワイン消費量は100リットルだった。しかし、特に2000年代以降はその量を劇的に減らしている。2020年には40リットルというから、沿道にワイン飲みを見つけるのも難しいわけだ。山岳ステージでは酔いにまかせてどんちゃん騒ぎに興じる観客は今も多いが、彼らが何を飲んでいるかは、足元に積み重なる潰れた缶を見れば明らか。まぁ昨今の暑さでは、冷たいビールを飲みたくなる気持ちはよくわかる。

テラスで見晴らしのよい写真が撮れた啓兄には、もう一枚撮りたい写真があった。「ワイン畑」のカットである。ワインどころの第8ステージ、リブルヌでは思いがけぬヒマワリ畑との出会いがあったが、まだ一面の「ワイン畑**」での写真は撮れていな

* ボジョレーはワインどころではあるけれど、日本ではボジョレー・ヌーヴォー以外の知名度はさほどない。少しフランス通を気取るなら、ボジョレーは「ヌーヴォーじゃない普通のやつが美味しいんだ」と言えばよい。新酒であるところのボジョレー・ヌーヴォーは若く浅いお祭りの振る舞い酒だから、味を期待するものではないのだ。

いのだ。次の写真ストップはレニエ・デュレットの町。中間スプリントポイントが設定されている町中はあえて狙わず、その郊外に広がる「ワイン畑」で選手たちの到着を待つ。このレニエは10あるクリュ・ボジョレーのひとつという由緒あるところで、産地らしく青々としたブドウの樹が茂っている。

この日運転席と助手席の会話の中で、「おっ日本の旗だ！……いや違った」というやり取りが何度かあった。ボジョレーの人たちが持つ応援旗がとにかく日本の国旗に見えるのだ。実際は日の丸ではなく赤いハートが描かれたデザインをしているのだが、白と赤だけというシンプルな旗はヨーロッパでは珍しく、脊髄反射的に日本の国旗を思い出すのは致し方ないことでもある。この日は登り坂の途中で韓国の国旗を掲げているファンがいて、それも珍しいねと話していたところだったので、なおさらだ。残念ながら韓国も日本も、今年のツールに出場選手はいない。このボジョレーの旗は3万本が地域に配布されたらしく、フィニッシュ地点では持っていない人を探す方が大変なくらいだった。

この日勝ったのはコフィディスチームのバスク人、ヨン・イザギーレ。スペインのバスク地方を走った第2ステージで、地元のファンに大きな写真入りのバナーでベル

**「ワイン畑」のいい写真を撮るのはすごく難しい。ヒマワリは向きや天気に左右されることは前に書いたとおりだが、ブドウはまた別の意味で難しい。この夏の時期、実が小さく葉と同じ緑をしているブドウは、単なる繁茂する葉っぱの集合体でしかない。そしてこの葉っぱが、どうにも絵にならない。僕の写真技術では、どう撮ってもただの草むらにしか写らない。そんなだから早々にワイン畑を諦めて、レニエ・デュレットの町並みを背景に写真を撮ったら、珍しくマチュー・ファンデルプールにピントの合った写真が撮れたので、それだけで満足した。

ギーのスター選手ファンアールトと一緒に応援されていたあの選手だ。そういえば、そんなこともありましたね、とはるか昔のことに思えてくる。

フランスホテル事情

今日の宿は、ベルヴィル・アン・ボジョレーを30㎞ほど北上したマコン郊外にある。今朝、ランチョンマット代わりの地図に大ナマズ釣り師が描かれていたあの町だ。宿は「ファストテル」。久しぶりにチェーンのホテルに泊まる。名前からもわかるように、その売りは安く気軽に泊まれること。フランス国内の70箇所以上で展開する中規模チェーンホテルだ。

ツールの取材において、どんなタイプの宿を選ぶかは好みがあるとはいえ、難しい問題である。このファストテルや、今回もすでに2泊ほどしている「イビス・バジェット」のようなチェーン系のホテルのいいところは、なんといっても、遅い時間にチェックインができること。プレスセンターの仕事が長引いたり、翌日に向けて長距離移動を行うと、ホテルに着くのが21時を過ぎることも珍しくない。そして、21時でフロントから人が消え、チェックインができなくなるホテルもフランスでは珍しくない。

特に田舎のホテルは個人経営で、日本で言うところの民宿のようだから、夕方5時くらいには宿泊客がチェックインする前提で動いている。ツールでは、その日のステージがまだフィニッシュすらしない時間だ。その点、チェーン系のホテルは24時間とは言わないまでも、深夜までスタッフが窓口にいるので時間を気にする必要はなくなる。先にチェックインだけして、その後で食事に出かけるといった地味に疲れる出入りをしなくてもいいのは気が楽だ。それに、大体の場合ちゃんとインターネットが使えるので、我々のような取材者としてはチェーン系のホテルに泊まれるなら泊まったほうがいいのは明白だ。

しかし、こうしたチェーン系ホテルの質は宿泊費と正しく正比例するという頑然とした事実がある。ちゃんとした金額を払えば、清潔で安全で、エアコンの効いた部屋で休むことができるが、安いホテルとなると目に見えて値段相応になる。そもそも治安が良くない立地だったり、壁が薄く隣の部屋の音が丸聞こえ、シャワーもちょろちょろとしか出ない、などなどケチった分はわかりやすくしっぺ返しを食らう。*

それに、チェーンホテルには情緒がない。どの町のホテルに泊まっても、英語の上手いフロントのスタッフ、簡素な部屋、変わり映えのしない朝食が待っている。長期

* ネットが死んでいたりなどすると文字通り死活問題である。寝る前に原稿を仕上げても送れなかったり、日本とのオンラインミーティングをみすみす逃すことになる。そんな時は泣く泣く20分クルマを走らせてマクドナルドに向かう羽目に。

間の取材旅行では逆にストレスが減るのかもしれないが、個人経営のホテルでささやかな交流を楽しんだり、愛らしい部屋の内装を愛でたりしたい。昨夜のディゴワンのホテルなどはまさにそんなところだったので、今日のファストテルはその対極である。*

一番タフなのはF1というホテルで、これはその名前に反して単なるモーテルである。最大3人が泊まれる一室のみで、シャワーとトイレは共同。実質2名で部屋は動くスペースがなくなり、朝食もほとんど味がしないフランスパンとジャムとコーヒーのみといった究極のチープホテル。このF1は最後の手段というところであるが、今年のツールでは、啓兄が選んだ宿泊予定に入っていなかったので安堵する。しかし、ホテルの選定というのは本当に難しい。アコーグループではないが、F1に比肩する最強(安)のチープホテルに「プルミエール・クラス」というのがあって、昨年は散々宿泊し、同時に散々不満を言ったせいか、今年のリストに入っていなかった。『第一級ホテル』という名称との乖離ぶりをネタにしていたのだが、1泊もしないとなるとそれはそれで寂しくも感じるのだった。身勝手ここに極まれり。

しかし今夜の宿について、文句を言うつもりはさらさらない。むしろ、夕食を終えてホテルに戻った我々は幸福であった。価格の安いファストテルの立地はもちろん郊

* フランスは観光大国だから、こうしたチェーンホテルも予算に応じて様々なグレードがある。アコーというフランス最大のホテルチェーンのブランドを見るだけでも、それがよく分かる。メルキュールやノボテルと言った中級ホテルは、チームや大会関係者がよく利用している。我々のようなフリーランスの集まりは、湯水のように使える経費を持たないので下級ホテルになる。イビス・バジェットあたりは安ホテルだが、それでもまだだいぶ上等である。

外。そして郊外にはやはりチェーン系のレストランが集結している。その中に、あの「レオン」があった。ありがとうマコン。夕食時で混雑しており、しばらく店の前で待つことになった。だが我々は待つことになんの躊躇いもない。昨日など、テーブルに座ってから1時間以上も待たされたのだ。フランスにしたたかに鍛えられている。

するると同じく並んで待っていたフランス人の男性に話しかけられた。しかも流暢な日本語で。普段は日本に住んでいて、この夏に地元であるマコンに帰省しているという。ツール取材という我々のやや変わった境遇を興味深く聞いていた彼の名前が呼ばれ、家族と店に入ろうとしたところで「ここはワインが有名なんです。ぜひ召し上がってくださいね」と言ってくれた。ボジョレーもマコンも、フランスを代表するワイン産地である。果たして席についた我々は、メニューも見ずに注文した。

「生*とムール貝のXXLサイズをください！」

レオンのムール貝のファンである我々、合わせるのはビールと決まっているのだ。ボルドーでもビールを飲み、そして散々ワインの話を聞いたボジョレーでの一日を終えてなお、頼んだものはビール。なんとも情緒のない日本人たちである（だが最高に美味しかった）。

* フランスで生ビールは、「プレシオン」と言う。サイズはあまり聞き慣れないcl（センチリットル）で分けるのが普通。25clが250mlである。25、33、50あたりが生ビールではよく使われる。25clの生ひとつくださいは、「ユヌ・プレシオン ヴァンサンク シルヴプレ」で通じる。

レニエの町外れにて。ボジョレーの旗が日本国旗に見えてしまう。

上：この日の宿ファストテル。ひと部屋あたりの金額なので、複数人で泊まると割安。旅の情緒は求めるべからず。
左：「レオン」にいる時、我々は常にはしゃいでいる。

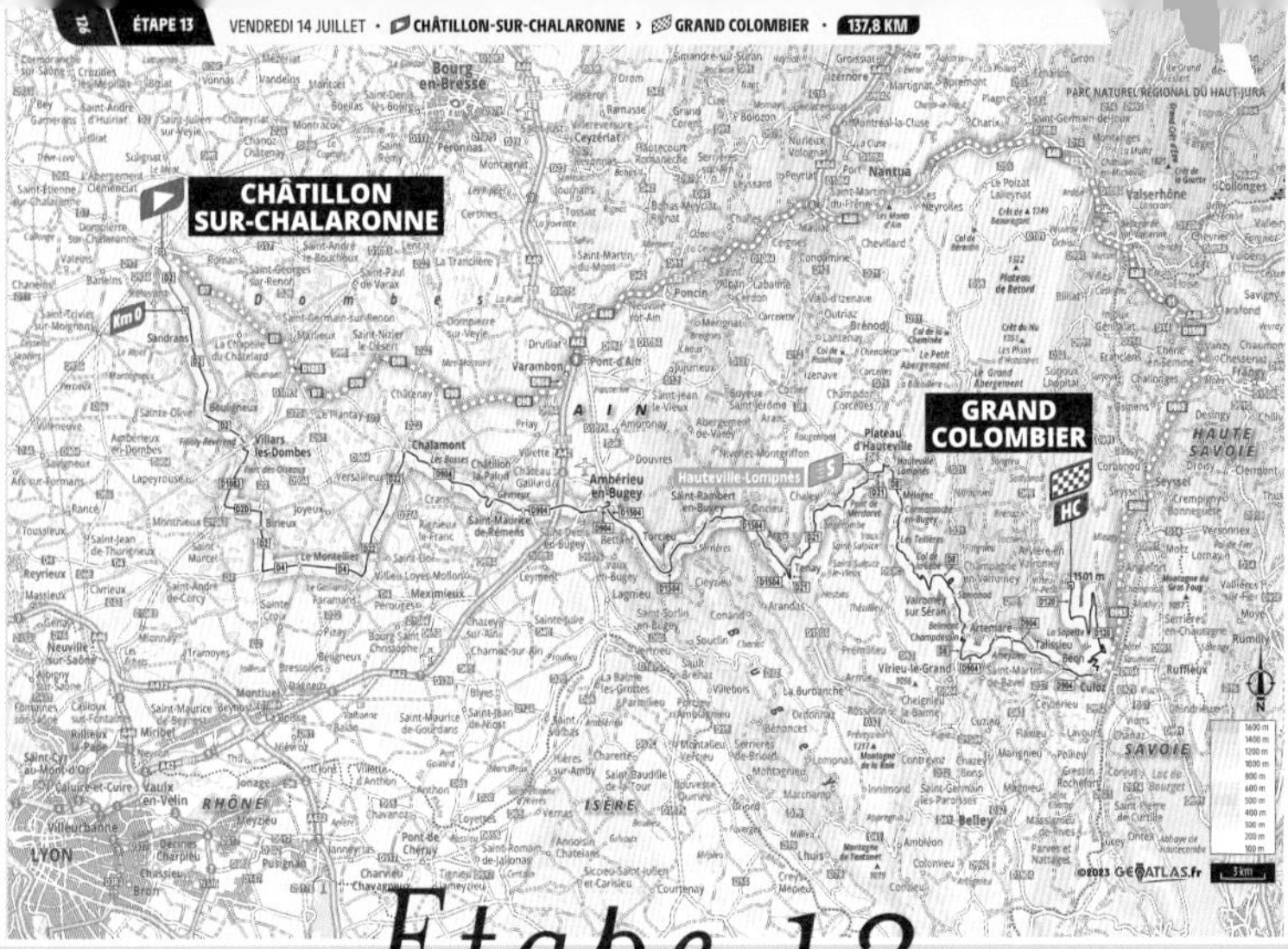

Etape 13

Châtillon-sur-Chalaronne — Grand Colombier

Vendredi 14 juillet

◀第13ステージ

シャティヨン・シュル・シャラロンヌ ← 137.8km グラン・コロンビエ

アルプス山脈を前に、その入口ジュラ山脈の名峰グラン・コロンビエ峠山頂フィニッシュが設定されたショートステージ。ステージ優勝は逃げに乗ったベテランのクフィアトコウスキが飾ったが、その後方でポガチャル対ヴィンゲゴーの争い再び。ポガチャルがステージ3位、4秒遅れてヴィンゲゴーがステージ4位に入った。総合成績ではポガチャルが9秒差まで詰め寄ってきた。

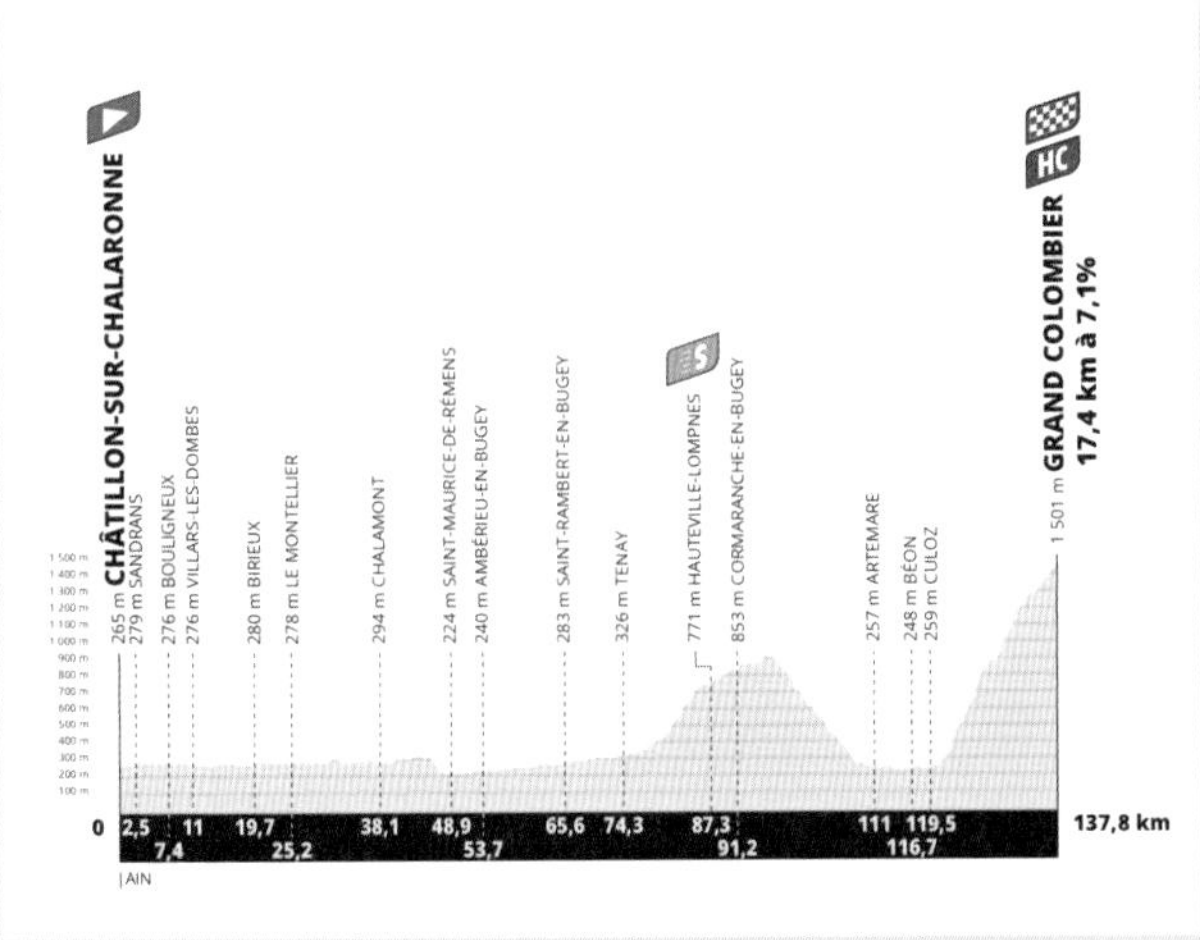

©A.S.O.

START

シャティヨン・シュル・シャラロンヌ

アン県に位置する人口5200人の町。町中を走る水路に橋が架かり、花が咲く風景から「ドンブ地方の小ヴェニス」と呼ばれる。コイやカエルの料理が名産。

FINISH

グラン・コロンビエ

ジュラ山脈にそびえる標高1501mの峠は、ツールの登場こそ2度目だが、数多くの自転車レースの舞台となってきた。市民参加型のヒルクライムイベントも盛ん。

ステージ順位 TOP3

1	KWIATKOWSKI Michal	Ineos Grenadiers
2	VAN GILS Maxim	Lotto Dstny
3	POGACAR Tadej	UAE Team Emirates

総合順位 TOP3

1	VINGEGAARD Jonas	Jumbo-Visma
2	POGACAR Tadej	UAE Team Emirates
3	HINDLEY Jai	Bora-hansgrohe

ポイント賞

PHILIPSEN Jasper

山岳賞

POWLESS Neilson

ヤングライダー賞

POGACAR Tadej

第13ステージ　シャティヨン・シュル・シャラロンヌ〜グラン・コロンビエ　7月14日

7月14日は特別な日

ツールがフランスの国民的イベントとなったのは、その日程に7月14日が組み込まれることと無縁ではないと思う。フランス語で「キャトールズ・ジュイエ」と呼ばれるこの日は、我が国ではフランス革命記念日として知られる、国民の祝日である。英語の「バスティーユ・デイ」は、フランス革命がパリのバスティーユ牢獄襲撃に発することにちなむもの。世界で最も有名な大通りといっていいパリのシャンゼリゼ通りだが、1年に3回だけ封鎖される日がある。そのうち2回は7月で、パレードが行われる革命記念日と、最終ステージの舞台となるツール・ド・フランスの二日間だ。*

そんな7月14日に、大会主催者はフランス人選手に勝利して欲しい。この日から本格的なアルプスのステージに入っていくが、厳しすぎる山岳ステージで勝てるフランス人がいないからか、まずはアルプスの足だめしということなのか、レース距離は短く、最後にジュラ山脈の名峰グラン・コロンビエを登るステージが設定された。総合

* 残る1つは大晦日のカウントダウン。100万人（!）が集まるらしい。

有力勢と勝負するのではなく、彼らの隙をついて序盤からの逃げに乗れれば、ステージ優勝の勝機は誰にでもある。朝からテレビ局もラジオ局もしきりに「キャトールズ・ジュイエ」を連呼し、フランス人よ奮起せよ！　とかつての名選手だったコメンテーターたちはこぞって後輩に激励を送る。なんといっても最後にフランス人選手が7月14日に勝ったのは２０１７年と昔のことになりつつある。

　スタート地点のシャティヨン・シュル・シャラロンヌは、アン県のドンブというエリアにある。このドンブはとにかく池が多いことで有名な地域である。主食が小麦からなるフランスは、稲作のための水田を多く備える日本と異なり、あまり灌漑用の池は多くない。今日１２００を数えるという大小様々な池はもちろん人為的に作られたものであり、その歴史は12世紀に遡るというから由緒正しい。湿地で食料に乏しいこのエリアで、魚の養殖を行うために修道士たちが作った池は、今もここをフランス随一の淡水魚の養殖池としている。グジョネットと呼ばれるコイのフライはこの地の郷土料理を代表するものだ。

　レースを応援するコース脇の装飾には、カエルの絵が添えられていた。フランス人を揶揄するステレオタイプに、「フロッグイーター《カエル喰い》」があるが、実際にこのドンブではカエル料理も代表的な郷土料理だ。１０００以上も池がある地域だから、さぞかしたくさんのカエルも捕れるのだろうと思いきや、なんとこの地でのカエル捕獲は法律で禁止されているという。かつてたくさんいたカエルたちは乱獲の憂き目にあって今ではほとんど姿を消しているらしい*。

山岳ステージへ

序盤で写真を撮ったら、足早にフィニッシュ地点へ向かう。久々の山頂フィニッシュで、山道には混雑が予想されたので早めに行かないと間に合わなくなる恐れがある。グラン・コロンビエは標高こそ１５０１ｍだが、登坂距離17・４㎞、平均勾配７・１％という怪物級の登りだ。フランスとスイスを隔てるジュラ山脈は、西からやってくるツールの一団にとってはアルプス山脈の入り口とも捉えられる。明日以降本格化するアルプスステージに向けて、総合有力勢にとっても気の抜けない登坂になる。

この地の自転車ファンにとっては、待ちに待った山岳ステージの始まりである。山岳はツールの華。ある者はキャンピングカーで、ある者は自分の自転車で、山頂へと集結する。我々取材班のクルマは、狭い山頂に駐めることが許されず、一旦峠の向こ

* レストランで供されるカエル料理のほとんどが国外から輸入しているとのこと。

う側へ１kmほど下ったところに駐車するよう指示を受けた。つまり、１kmは自分の足で山頂まで登って戻ってこないといけない。

それにしても山頂に立つとその景色は壮大だ。遠くには雪を頂いたアルプス山脈の尾根の連なりが見えて、陶然となる。明日からの舞台があの山の中になるなんて……。

アルプスは例年、外国からもファンが大勢訪れる。スイスやドイツ、ベルギーといった近隣諸国はもちろん、近年はデンマークやノルウェーといった北欧、さらに海の向こうのイギリス人も多い。このグラン・コロンビエにも国際色豊かな国旗が踊っていた。むしろフランス国旗は少ないくらいもので、今日が7月14日だったことをすっかり忘れるほどだった。結局、この日フランス人選手はステージ優勝どころか、トップ10にも入れなかった。

山頂フィニッシュで大変なのは、下山である。ひとたびレースが終わったら、当然あれだけいる観客もみんな帰路につく。ぞろぞろと歩いて下る人もいれば、乗ってきた自転車で下る人もいる。数が数だけに、クルマなどとても通れなくなる。下山渋滞はツール山岳ステージのお約束だ。レース中はコースの警備にあたるジャンダルムリ《憲兵隊》が、この下山時に交通整備でもしてくれればこんなカオスにはならないのだが、困ったことに彼らこそがサイレンを鳴らし超法規的に歩行者や自転車をかき分けていの一番に下山してしまう。レース自体が無事に終われば、仕事は終わり。極めてフランス的な割り切りぶりに毎回感心させられる。

そんなわけで我々も例外なく渋滞に捕まってしまったが、ハンドルを握る磯部くんはクルマが動かないという事態が許せないらしく、しきりに抜け道を探している。嫌な予感がしたが、次の瞬間には砂利道へと突入してしまった。フィアットは上下に左右に揺れ、時折タイヤを滑らせながらラリー走行が続いた。しかしそのおかげで下山は早かった。口から泡を吹きかけたけど……。

昨日はツール取材のホテル事情を長々と書いたが、山岳地帯に入ってくるとまた事情が変わってくる。いわゆるチェーン系のホテルは姿を消し、高価格帯の山岳リゾートと、低価格な山小屋風ホテルになってくる。この日はグラン・コロンビエの麓町アングルフォールに宿をとったが、高価格帯でも低価格帯でもないちょうどいい塩梅の山岳ホテルだった。夏は閑散期であろうこのホテルも、ツール特需に沸いて従業員はてんてこ舞いになっていた。レストランのシェフは予期しなかったツール渋滞で到着が遅れるというハプニングに見舞われていたそうだ。メニューには残念ながらグジョネットもカエル料理も無かったが、出てきたハンバーガーがこれまた絶品で、ここにきてハンバーガーはフランス料理なのだと思うようになる。ここまで都合4度(そのうち一回はバスク地方だが)食べて、3回は大いに満足する味だった。なかなかのヒット率である。

山岳地帯では日が落ちるのが早い。けれども、山の稜線がシルエットとして浮かび上がる黄昏過ぎの美しさは、この地に滞在しないと見ることができないものでもある。今頃都市部では、キャトールズ・ジュイエを祝う打ち上げ花火が鳴り響いているのだろう。ジュラ山脈での革命記念日の夜は静かに更けていった。その空気の冷たさは、アルプスが近いことを感じさせた。

グラン・コロンビエ峠では眼の前でポガチャルがアタックし、ヴィンゲゴーが追いかけた。

ドンブは池の街。名物料理であるカエルのイラストも。

ハンバーガーはもはやフランス料理である。

グラン・コロンビエ峠は山頂を 1km ほど越えたところで駐車して、歩いて上ることになった。

Etape 14

Annemasse — Morzine Les Portes du Soleil

Samedi 15 juillet

◀第14ステージ

アヌマス ← 151.8km モルジヌ レ・ポルト・デュ・ソレイユ

とうとうプロトンはアルプス山脈へ到着。アルプス初戦はスイス国境の町アヌマスをスタートし5つのカテゴリー山岳を登る短いながらタフなステージ。最後の超級山岳ジュー・プラネ峠ではポガチャルとヴィンゲゴーの一騎打ちとなったが、メディアのバイクが進路を塞ぐトラブルも。その後お見合いした2人を追い抜いた若手有望株のロドリゲスがステージ優勝をさらっていった。

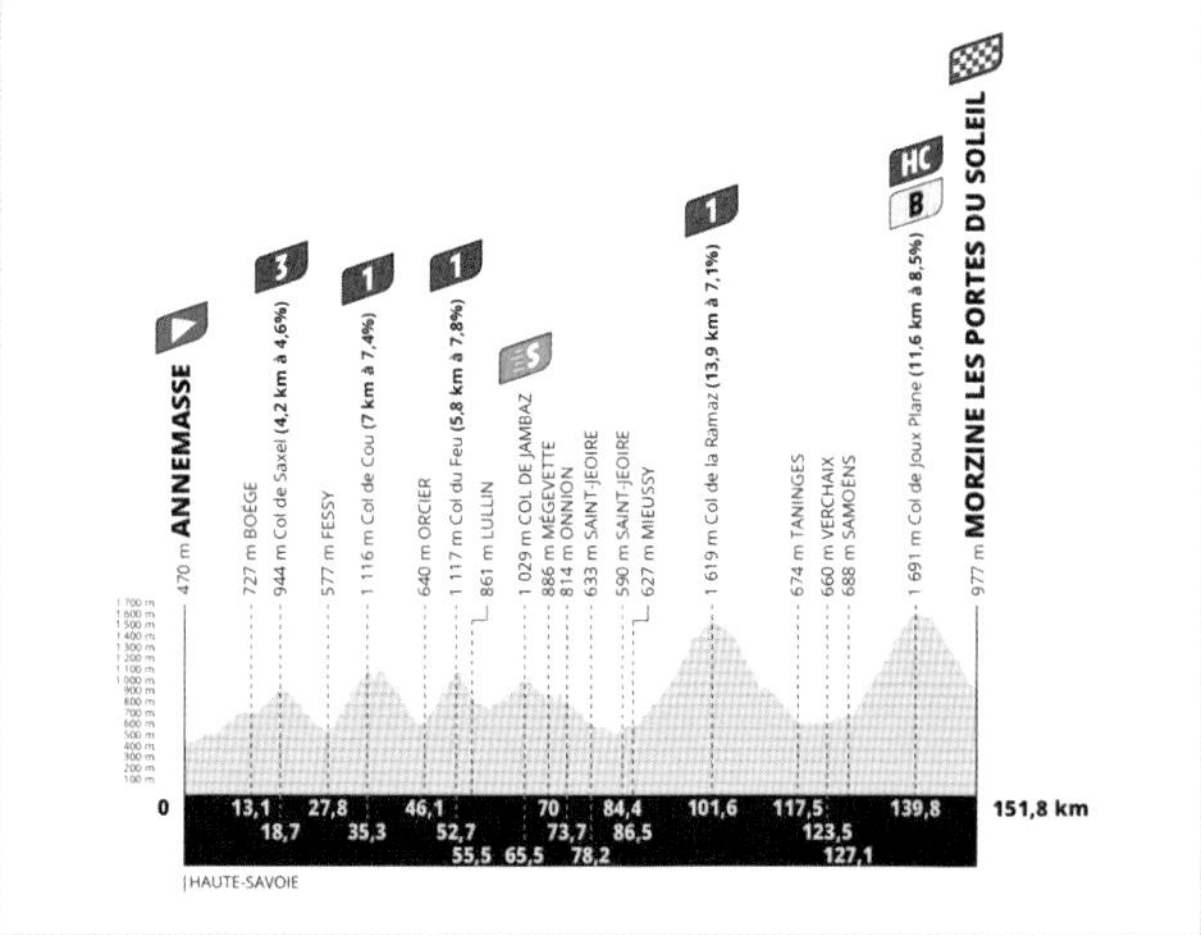

©A.S.O.

START

アヌマス

人口3万7000人のオート・サヴォワ県の町。スイス国境とは2kmと離れていない、アルプスの玄関口。20年ぶり2度めのツール招致。

FINISH

モルジヌ レ・ポルト・デュ・ソレイユ

人口3000人ほどのスキーリゾートタウン。レ・ポルト・デュ・ソレイユは「太陽の門」を意味し、この地域のスキーリゾート一帯のブランド名である。

ステージ順位 TOP3

1	RODRIGUEZ Carlos	Ineos Grenadiers
2	POGACAR Tadej	UAE Team Emirates
3	VINGEGAARD Jonas	Jumbo-Visma

総合順位 TOP3

1	VINGEGAARD Jonas	Jumbo-Visma
2	POGACAR Tadej	UAE Team Emirates
3	RODRIGUEZ Carlos	Ineos Grenadiers

ポイント賞

PHILIPSEN Jasper

山岳賞

VINGEGAARD Jonas

ヤングライダー賞

POGACAR Tadej

第14ステージ　アヌマス〜モルジヌ　レ・ポルト・デュ・ソレイユ　7月15日

取材コースあれこれ

今日から本格的なアルプス山脈ステージが始まる。どきどきと朝から動悸が止まらず、胸の鼓動を感じる。しかしその理由は山岳を前に昂ぶっているからではない。今大会始まって以来初めて、一日通しで運転をすることになったからである。

運転好きを自認する（そして実際にいつも楽しそうに運転をしている）啓兄と磯部くんと同じチームであることは、運転をほとんどしなくてもいいということで、これは運動神経に欠ける僕としてはありがたいことこの上ない。この日は磯部くんが大会関係車両に同乗して取材を行うため、黒のフィアット「ティーポ・クロス」をフィニッシュ地点まで運ぶ必要が生じたのだ。日本の多くのレースのように、スタート地点とフィニッシュ地点が同じ場所ならクルマを置いていけばいいのだが、ここはツール。毎日が旅だから、一度借りたクルマとは一蓮托生である。

この日に備えて、実は数日前からレースの前後の移動時にちょくちょくとマニュアル車の運転の練習をしていた。とりあえず無難に運転できるところまではマニュアル車の扱い方も思い出した。まぁフィニッシュ地点に直行するくらいなら問題はないだろう……。

ツールを取材する人にはいくつか動き方のオプションがある。公式迂回路というものがあって、それはスタート地点からコースを通らずに、近隣の高速道路などを使用してフィニッシュ地点に直行するルート。スタートを見送ってから出発しても、最短路なので選手たちの到着より2〜3時間ほど前にフィニッシュ地点に着くことができる。チームバスやスタッフ、大会関係者も同じルートを使う。スタート地点とフィニッシュ地点で選手やチーム関係者への聞き取り取材が主になるジャーナリストは、この動き方が多い。

一方で、フォトグラファーはスタート／フィニッシュだけという訳にはいかない。ツールという大会の魅力である地域の固有性や、難所にあえぐ選手たちの表情を写真に収めたいからだ。そのため、一部迂回路を使いながらコースを出たり入ったりして、あの手この手で選手の集団に先回りして撮影機会を作り出す。啓兄や磯部くんの動き方は基本これだ。ここに同行することで、僕も沿道にいる地元の人々や、レースファンと出会い、話を聞くことができる。「ツールというスポーツイベントが、なぜフランスの文化事象たりえるのか？」という個人的なテーマを掘り下げる上で、あまりに商業化され、観光化されてしまったスタート／フィニッシュより、人口1000人に満たない村や町で人々の声に耳を傾けたい。そしてこの動き方をすると、テレビで見ているのとは全く別のツールが立ち上がってくる。人々や町々。木々や河川、そして山岳地帯。ツール・ド・フランスが線でつなぐものは、フランスという国そのもので、高速道路で直行すると見落としてしまうものが多い。

しかし今日は、慣れないマニュアル車であるうえに、超級山岳を通るステージだ。前日のグラン・コロンビエの例に漏れず、登りの厳しい山には大勢の観客が集まる。山岳では選手たちもばらけてやってくるし、みな苦しそうな表情をしているから、観客にとっても応援しがいがあるのだ。撮影そのものは良いとしても、下山時には無数のロードバイカーたちを抜きつ抜かれつの走りが強いられるだろう。もし事故でも起こしたらと思うと気が気ではない。公式迂回路でフィニッシュ地点に先回りするのが安全牌ではあるが、アルプスまでやってきて超級山岳を見ずに一日を過ごすのか？

そんなわけで、公式迂回路は使わず、いつも通りの動きをすることにした。慣れたフォトグラファーなら撮影機会を4回は作れそうなステージだが、そこは攻めず2箇所の撮影ストップに留める。スタート直後のフィランジュという町と、フィニッシュ近くの超級山岳ジュー・プラネ峠で撮影することにした。

山の雨

スタートの町アヌマスはスイス国境にある。もうアルプスは眼前に迫っていて、数日前に遠目に見えたことが懐かしい。おそらく、選手たちもじわじわと迫るこのヨーロッパの屋根に昂り、あるいは憂鬱を覚えているのだろう。スタートから5kmほどのところにあるフィランジュにクルマを停めるとちょうど通り雨がやってきた。山の天気だ。

この雨がレースに影響した。滑りやすくなった路面がスタート直後に大きな落車を誘発したのだ。通過予定時刻を過ぎたが、いつまで待っても選手たちがやってこない。スマートフォンでレース放送を観ていた隣の男性が、「橋の上で選手たちが止まっている」と言う。橋はここから300mくらいのところにあるが、曲がり角の先なので見えない。急いで走って行くと、選手たちがレースディレクターのクルマを囲むようにして立ち尽くしていた。落車した選手が多いので、一度レースを止める措置がとられていたのだ。

結局20分ほど、停止を余儀なくされ選手たちは再び走り出した。フィランジュの住人は、自転車選手のスピード感を味わうことは叶わなかったが、スター選手が触れられる位置にずっといることを楽しんでいるようでもあった。

今日の山場、ジュー・プラネ峠へ向かう。この標高1691mの超級峠の山頂がフィニッシュではなく、そこから10㎞ほど下ったモルジヌの町にゴールする。勝負がかかるのは峠の登りだから、ここで写真を撮ろうとクルマを走らせるがすごい人だかり。峠には多くの人がいて、せり出してきた観客とクルマが接触しそうになる。前方を行く関係車両もやはり足止めを食らっていて、峠の山頂1㎞ほど手前で渋滞してしまった。おかげでこの区間だけでだいぶ坂道発進に自信がついた（4回くらいエンストしたが……）。結局山頂にはクルマを停めるスペースが無く、少し下った先に駐車し、そこで写真を撮ることにする。

やはりこの日のジュー・プラネ峠の人出は異常だったらしく、肝心のレースにも影響してしまった。案の定、ヴィンゲゴーとポガチャルの2人の闘いとなったが、山頂に設定されるボーナスタイムを狙ってアタックしたポガチャルが、前を走るモーターバイクに進路を塞がれる一幕があった。フォトグラファーを乗せたこのメディアバイクも、観客が多く減速を強いられており、それがポガチャルのアタックを潰す結果となってしまった。のみならず、カウンターでヴィンゲゴーが飛び出してこのボーナスタイムを獲得してしまったので、総合優勝を巡る争いに外部要因が大きく影響したことになる。観客の多さはアルプスの山岳ステージならではの彩りではあるが、スポーツや安全性という観点で見ると必ずしも良いこととは言えない。このあたりはつくづく、スタジアムスポーツではない、ツールならではの難しさがある。山頂を越えたところで構えていた僕のカメラのレンズの中で、ポガチャルとヴィンゲゴーはお互いどこか不完全燃焼な様子で、ゆっくりと登っていった。この日を終えて、件のモトを運転していたドライバーとフォトグラファーには翌日の取材活動の制限という懲罰処分が下っている。

予想通り、歩行者とサイクリストが入り乱れる下山はそれなりに大変だったが、「最後尾の選手のすぐ後ろで下る」というこれまでの取材で得た知見を活かし、比較的スムーズにモルジヌの町まで下りることができた。無事に運転の一日を終えられた

雨は止んでしまったが、「傘が素敵ですね」というと笑顔で差してくれた。

ことに安堵しつつ、同時にある種の自信も芽生えてきていたのだが、最後の最後でそのわずかな自信は挫かれた。ホテルの駐車場がとにかく狭く、うまくクルマを停められない。先にチェックインしていた啓兄はテラスから駐車場で悪戦苦闘する「ティーポ・クロス」を憐憫の眼差しで見ていたらしい。事態を察知した磯部くんが心配してやってきてくれて、「代わりますよ」とハンドルを握ると、さっきまでどうしても入らなかった駐車場の狭い一角に「ティーポ・クロス」はすんなりと収まったのだった。

ジュー・プラネ峠の尾根道。モーターバイクが進めないのもわかる人垣。

フィランジュでは20分ほどレースが停止した場面にたまたま居合わせた。

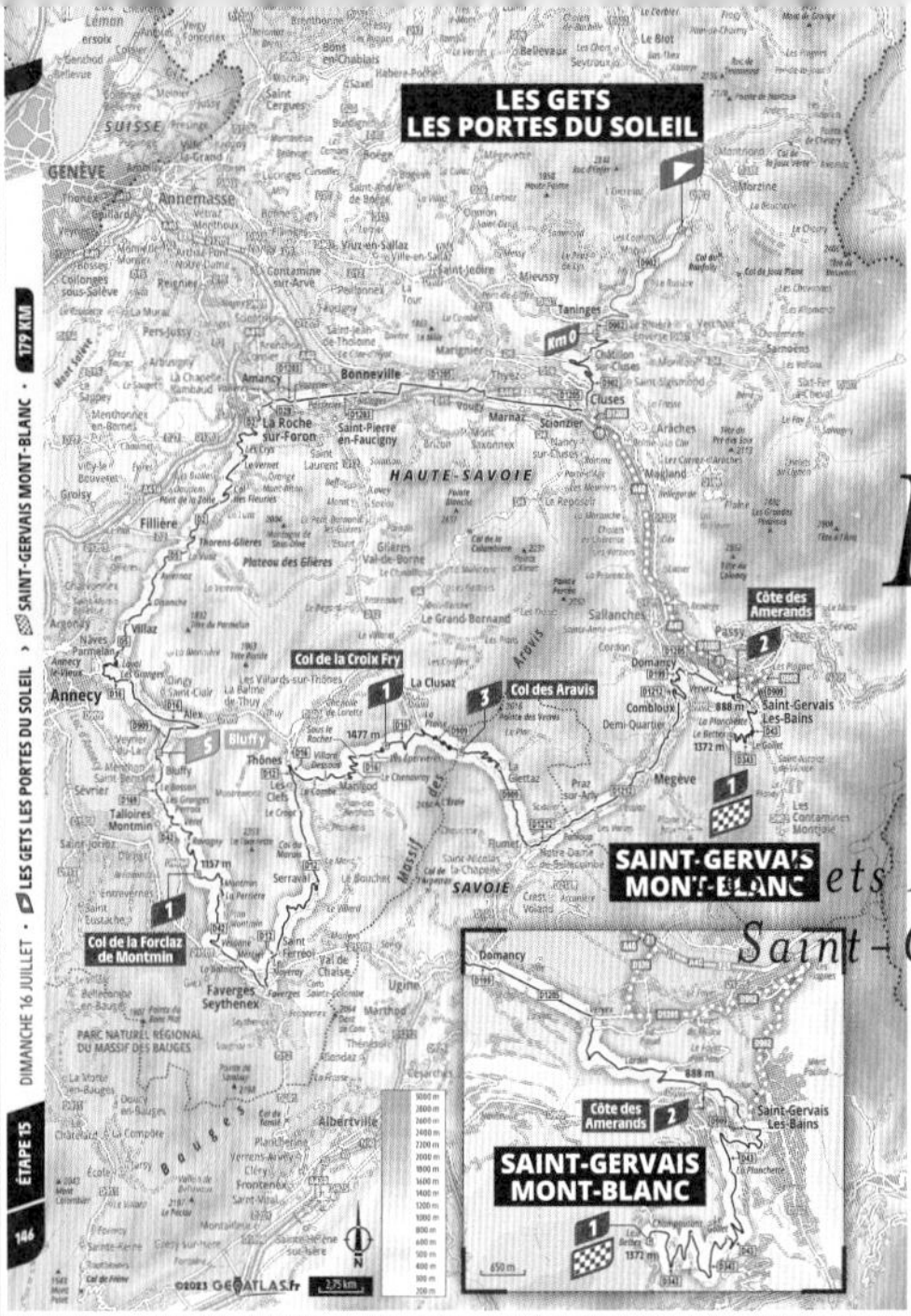

Etape 15

Les Gets Les Portes Du Soleil – Saint-Gervais Mont-Blanc

Dimanche 16 juillet

第15ステージ

レ・ジェ レ・ポルト・デュ・ソレイユ ← 179km サン・ジェルヴェ・モン・ブラン

アルプスの山岳ステージはさらに難易度を増す。ステージ優勝こそ逃げた選手たちによって争われたが、ここでもポガチャル対ヴィンゲゴーの一騎打ちは変わらず、揃って同タイムでフィニッシュ。しかしその他の総合上位勢は彼らから20秒以上の遅れを喫している。この時点で総合首位ヴィンゲゴーと総合2位ポガチャルまでの差はわずかに10秒。総合3位のロドリゲスは5分21秒遅れ。

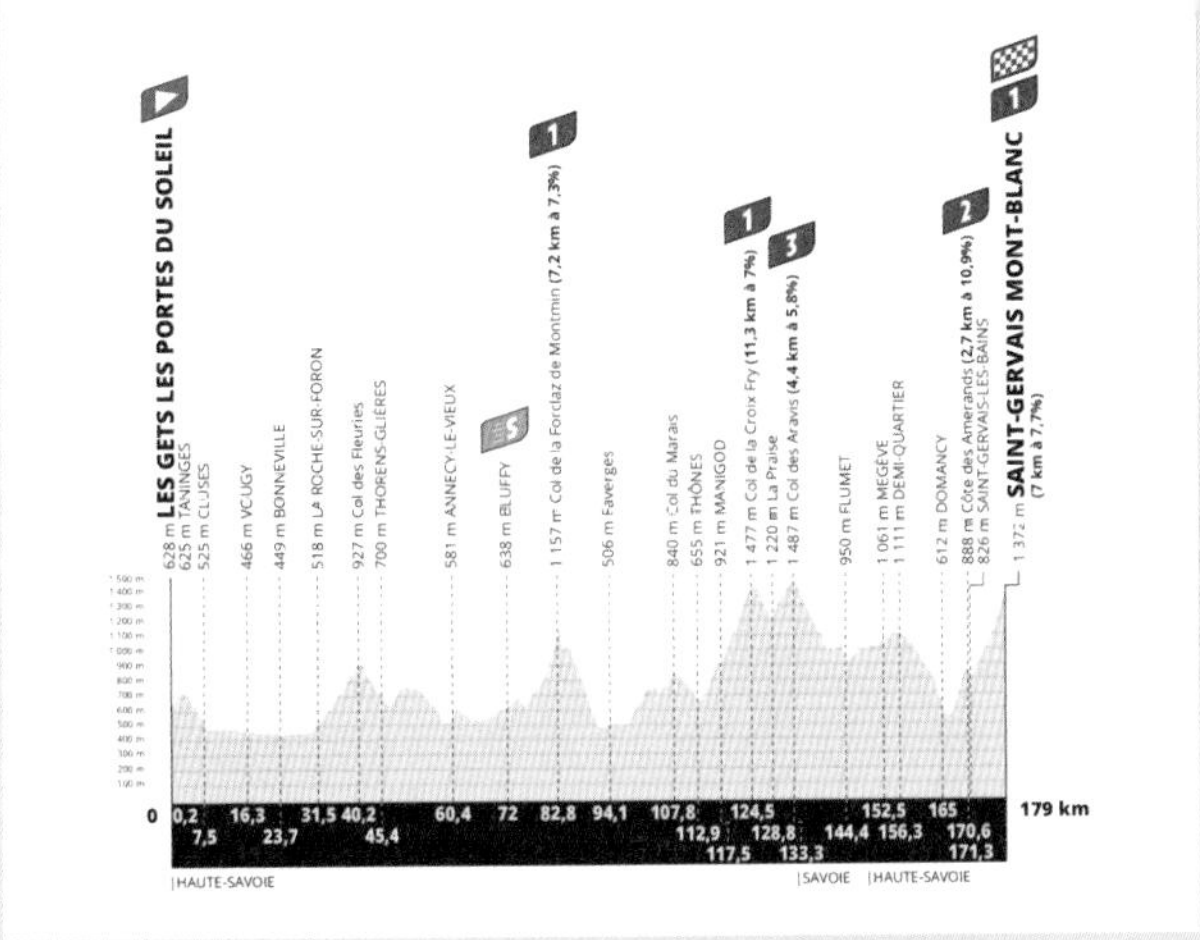

©A.S.O.

START

レ・ジェ レ・ポルト・デュ・ソレイユ

オート・サヴォワ県の人口1300人の小村。夏にはマウンテンバイクも非常に盛んで、ワールドカップなど国際レースも数多く開催されている。

FINISH

サン・ジェルヴェ・モン・ブラン

オート・サヴォワ県の山岳リゾート。人口5800人。モン・ブランを一望できるロケーションは季節を問わず観光客を誘引している。

ステージ順位 TOP3

1	POELS Wouter	Bahrain Victorious
2	VAN AERT Wout	Jumbo-Visma
3	BURGAUDEAU Mathieu	TotalEnergies

総合順位 TOP3

1	VINGEGAARD Jonas	Jumbo-Visma
2	POGACAR Tadej	UAE Team Emirates
3	RODRIGUEZ Carlos	Ineos Grenadiers

ポイント賞

PHILIPSEN Jasper

山岳賞

CICCONE Giulio

ヤングライダー賞

POGACAR Tadej

第15ステージ　レ・ジェ　レ・ポルト・デュ・ソレイユ〜サン・ジェルヴェ・モン・ブラン　7月16日

アルプスとツールの蜜月関係

　ホテルのブッフェ朝食があまりに豪華なので、みなパチリと写真に収めてから食べ始めた。このホテルには大会の関係者やメディアもちらほら宿泊していたが、彼らを見て「毎日こんなところに泊まれる人たちもいるんだねぇ」と率直な感想が口をつく。自転車機材のライターでもある磯部くんは、メーカーの製品発表会に呼ばれては海外の試乗会などを取材しているが、そんなときはこれぐらいのホテルはざらだという。「今までどれだけ恵まれていたかがわかりました……」などという。いつかは毎日星付きホテルで悠々と取材旅行をするようになれればいいとも思うが、いろんな種類の宿と人に触れ合う、今の旅も決して嫌いではない。むしろ好きだ。気づけばもうあと一週間ほどでこの旅も終わろうとしている。

「第12ステージとか第13ステージまでがとにかく長くて、その後はもうあっという間よ」と啓兄は言った。それは体感的に正しくて、ここ数日は本当に早く過ぎている。

ツールは最初の休息日までが長く、そして2回目の休息日がきたらもう一週間もせず閉幕する。そしてついこの間過ごしたような気がする休息日は、もう翌日に迫っている。つまり、今日が大会2週目の最終日。だから例によって、厳しい山岳ステージが設定されている。今日登るのは、モン・ブランである。とは言っても、実際に標高4800mを超える西ヨーロッパの最高峰に登るわけではない。フィニッシュ地点のサン・ジェルヴェ・モン・ブランは「モン・ブランが見える」サン・ジェルヴェの町といった意味で、直線距離でも10㎞ほど離れている。なぜこんなことが起こるかというと、アルプスとツールの蜜月関係が関係している。

ツール最大の山場として、毎年熱戦が繰り広げられるアルプス山脈。そのステージを迎え入れるのは、スキー場である。アルプスの雄大なスキー場を世界に宣伝したいというマーケティング的側面や、山の上に多数の関係車両を収容できるのがスキー場施設しかないというロジスティック上の理由などその要因は多岐にわたるが、スキー観光を推し進めたい地元自治体と、アルプスで劇的なレースを展開したい大会主催者の思惑は一致する。サン・ジェルヴェ・モン・ブランのフィニッシュ地点もスキー場だ。冬にはモン・ブランが目の前に迫ってくるような、ダイナミックなスキーが楽しめるゲレンデである。

MTBの聖地

　昨日のフィニッシュ地点のモルジヌ、そして今日のスタート地点レ・ジェともに名付けられているレ・ポルト・デュ・ソレイユも、アルプス山脈各地に12のゲレンデを有すスキー場ブランドの名称である。総延長650kmに及ぶ斜面は世界最大級で、ツールでも存在感を示すべく積極的にスタート／フィニッシュを誘致しているというわけだ。しかしレ・ジェの夏といえば自転車であり、それはオフロード専用の自転車で、タイヤや車体が大きいマウンテンバイク（MTB）である。

　レ・ジェを中心としたアルプス一帯は、夏の間はMTBのフィールドとなる。冬のスキーリゾートの施設をそのまま使える客室のキャパシティがあり、広大な山岳地帯はダイナミックなコースとして人気が高い。とりわけレ・ジェはワールドカップや世界選手権の会場となるフランスのMTB聖地*である。だから初めてツールのスタートを迎え入れたこの町なのに、ツールのファンよりはむしろマウンテンバイクに乗りに来ている人の方が多いくらいだった。こんなツールのスタート地点は、フランス広し

＊　町中にはいくつもMTBのショップがあり、レンタルバイクも盛んだが、目についた店に入ってみると、若い女性の店員が退屈そうに「今日は全然お客さんがこないの」とこぼすのだった。大抵のスタート地点では、商店はツール需要に沸き立つものだが、このMTBの首都ではありがた迷惑のようだ。

と言えどここだけだろう。*

沿道の物語

時間に余裕をもって到着しておきたい山頂ゴールの日は、あまり撮影回数を稼ぐことができない。この日もスタートしてすぐの下り坂で一回写真を撮った後は、すぐにフィニッシュ地点へ向かった。といっても、直線距離にしたら目と鼻の先。選手たちは西にぐるりと迂回しながら峠道をいくつも越え、そして最後のサン・ジェルヴェ・モン・ブランの登り坂に挑むことになる。今目の前に見えている岩山の間を選手たちは縫って再びこちらに戻ってくるということだ。

あまり山頂にスペースがない場合、プレスセンターは山麓に置かれることが多い。この日もそのパターンで、フィニッシュの9㎞手前、麓町サン・ジェルヴェ・レ・バンにクルマを停める必要があった。山頂に行きたい者は、ここからケーブルカーを使用するか、あるいは徒歩で登るしかない。選手たちが来るまでたっぷり時間があるので、ここはケーブルカーで山頂まで上がり、徒歩で下りながら様子を見てみることにした。観客の人たちも選手が来るまで待ちくたびれているだろうから、話も聞きやす

＊ 余談だが、もしツールを観戦にアルプスに来るなら、一日はＭＴＢに乗ってみたい。最近は電動のＥ－ＭＴＢが盛んで登り坂も苦にはならないし、もちろんゴンドラで山の上まで行ってひたすら下るだけのダウンヒルも楽しめる。レンタルバイクやヘルメットが町のあちこちで借りられるから、夏のアルプスの絶景とともに楽しまない手はない。フランスではＭＴＢのことをＶＴＴ、ヴェテテと言う。レ・ジェの町を歩けば、そこかしこにこの文字を発見するだろう。

いはずだ。

フィニッシュ地点でケーブルカーを下りると、ここがなぜサン・ジェルヴェ・モン・ブランと称されているかがよくわかった。眼の前に迫るモン・ブランに圧倒される。この真夏にあって、山頂付近には雪が残っており、「白い山」というこの上ないシンプルな名称にも説得力がある。そして例に漏れず、人、人、人……。音楽をかけて踊っている集団に、ビールをたらふく飲んでいる集団、クロスワードパズルを解いている人もいて、みな自由にこの時を楽しんでいる。選手が来る瞬間にその盛り上がりは最高潮に達するのだろうが、こうやって待っている時間も楽しそうだ。

外国人も多い。いきなり一角がウワッと盛り上がったかと思うと、そこはコロンビアエリアだった。おそらく彼もコロンビア人であろう、義肢のサイクリストが登ってきた時に、大きな拍手喝采が起こったのだった。コロンビアは１９８０年代から選手がツールで活躍を見せ、現在もとりわけ山岳に強い選手が多いことから、熱心なファンがツールの沿道にやってくる。みな、自転車競技を愛していることが伝わってくる。

他にもヴァカンスの家族旅行でやってきたという10代のシャイな兄妹や、選手名を言葉遊びで表現した自作ダンボールプラカードで応援する若者（ツールの沿道では選手名遊び*が静かなブームなのだ）、あえて集団からは距離を置いて応援するコロンビア人ファン……道にいる人たちは様々、けれどツールを観るためにここにいる。

山を下っていると路面に「ツール　ド　フランス」と書いてある。……!?　一度は通り過ぎたが、振り返ってもう一度見ると確かに日本語で書いてある。その書き主は日本人のハルナさん。聞くと、イタリアのアオスタ州に住んでおり、自転車レースが好きなイタリア人の夫と友人とともに、モンブランを越えて観戦にやってきたのだという。日本の大きな国旗を掲げていたので、「日本人選手が出ていないのは残念ですね」というと、「ええ、でもこれ実は5月のジロのために用意したんです」と言う。ツールのイタリア版のようなレースとして、毎年5月に行われるジロ・デ・イタリアがある。今年は日本人の第一人者、新城幸也が出場していたため、彼を応援するために準備を整えていた。しかし、彼女の地元アオスタ州を通るステージが悪天候で短縮となり、観戦が叶わなかったのだという。

山頂から4㎞ほど下ったところで、ようやく沿道の人垣が落ち着いてきた。本当にここまで、どこにも切れ目が無いくらいの人出と熱狂ぶりである。もう少し下っていくと、日陰で観戦をしているスロベニア女性のグループに出くわした。スロベニアは、

* フランスの自転車系インフルエンサーが始めたもので、フランス人選手の名前が対象になることが多い。最も有名なものはジュリアン・アラフィリップを応援する「ALLEZ! ALAIN PHILIPPE」というもの。「アラン・フィリップがんばれ！」と下の名前だけで上下名のように綴る文字遊び。結構なフランス人が、アラン・フィリップという選手がいると信じてしまったらしい。他には、ヴァランタン・マドゥアスを、ヴァランタン・マッドマックスと。さすがに無理がないか……。

ポガチャルの出身国で、近年のツール沿道にファンの姿を多く見かけるようになった。

しかし彼女たちは一介のファンではない。彼女たちはポガチャルの母であり、妹であり、フィアンセであるのだった。すでに家族がキャンピングカーでツールを巡っていることはフランスの新聞にも報じられていたので、おそらくは人気を避ける意味でこの残り5kmほどの地点に位置取っていたのだろう。そうせざるを得ないほど、ポガチャルは今フランスで大きな人気を集めている。この家族の中で、とりわけシェイプされた体躯の持ち主は、ウルシュカ・ジガート。ポガチャルのフィアンセで彼女自身もプロの自転車選手だが、今夏のレースで落車し、今は療養中。残念ながら翌週に控えた女子ツール・ド・フランスの出場に間に合わなかったが、その分婚約者のツールを応援しようと家族と一緒に回っているとのことだった。

「ひとりの自転車ファンとしては、動きが多くて、本当に面白い戦いが繰り広げられていると思う。もちろん、私が応援しているのはたった1人だけどね」と笑ってみせる。世界で最も注目される選手が婚約者で、しかも総合2位という難しい状況にいても茶目っ気を覗かせる胆力はさすがだった。

モン・ブランに見下されたこの登坂で、いよいよ選手たちの争いが始まった。まずは10名ほどの逃げに乗った選手たちがステージ優勝を争いながら通過していき、その後で総合優勝狙いの選手たちがやってきた。ポガチャルの後ろにはマイヨ・ジョーヌを着るヴィンゲゴーがぴったりとマークしたまま、残り5kmを過ぎていく。この日、サン・ジェルヴェ・モン・ブランで2人は互角の走りを繰り広げ、タイム差がないままフィニッシュ。総合では10秒という僅差をもって第2週を終えることになった。近年こんなにも本命が接戦となることは珍しく、それだけ2人の実力が突出しながら拮抗しているということでもある。

2週目が終わった。明日の休息日、そして続く2ステージもこのアルプスが舞台となるため、再び連泊ができる。宿をとったムジェーブはアルプスを代表するスキーリゾート村。スキー合宿のための宿もふんだんにあって、手頃な価格のホテルに落ち着いた。ここに3泊だ。階段は急で軋む音がするが、古いが可愛らしさもあるまさに山のホテルといった趣で、個人的には気に入った。受付の女の子がまったくフランス語なまりのない英語を話すところに、スキーリゾートとしてのこの村の性格を見たような気がした。

翌日は休息日となると気分は晴れやかだ。しかもムジェーヴはとても美しく、歩いてすぐに中心街を回れる規模感で、ことさら旅気分を味わえる。夏の日曜日の夕方、村の広場では楽隊の演奏が鳴り響き、山際に太陽が沈みかけている。旅の情緒ここに極まれり、といったところである。

夜も深くなる頃、ホテルのロビーで仕事をしていると、階下でどたばたと音がする。先ほど広場で演奏をしていた楽団の紳士たちが赤ら顔で帰ってきて、ものも言わずめいめい部屋に消えていった。その迷いない足取りは、彼らも旅に生きていることを伝えているようで、とても情緒的なのであった。旅をする理由は人それぞれ。生きる理由が人それぞれなのと同じように。

モン・ブランが近い。こんな山中でもレースをするのだからエライことである。

日本国旗を掲げて応援していたハルナさん。イタリアの友人たちと観戦していた。

休息日2　ムジェーヴ　7月17日

休息日の過ごし方

休息日は洗濯日。*この日も甲斐甲斐しい啓兄が朝早くからコインランドリーに行ってくれた。やはり引き上げる頃には大会関係者がたくさん並んでいたらしい。山の中では都市部ほどコインランドリーは多くない。ムジェーヴのようなスキーリゾートは宿に洗濯機があるところも多いから、あらかじめそんな宿に泊まる方が得策かもしれない。

毎日汗まみれになって走る選手にとっても洗濯は死活問題だ。チームのバスの中には洗濯機が積まれていて、レース後すぐに洗濯できるようになっている。それだけではまかないきれないので、合わせてホテルの洗濯機も使うが、ホテル側も数十名分を同時に洗濯することは想定していないのだろう。我々のホテルの近くには、フランスのAG2Rチームが宿泊している（もちろんもっと上等なホテルだ）が、いつ前を通っても、エントランス前に停められたチームバスの洗濯機がフル稼働しているのだった。休息日は洗濯のほかに、事務作業の日でもある。ようやく腰を落ち着けられるから、

* 洗濯の話題に乗じて衣類にも触れておく。3週間でまとまった洗濯ができるのが休息日の2回だから、基本的に1週間分くらいを持っていくイメージ。Tシャツを5枚くらい、スウェットを1着、短パンを2枚、長ズボンを1枚。防風も兼ねるレインジャケットを上下。これに寝巻き用の上下セットと、下着と靴下を4～5枚。Tシャツと下着靴下は、連泊できる時に1～2枚をホテルの部屋で手洗いすることで一週間分を確保するので、速乾性のある化繊かメリノウールが望ましい。小分けになった洗濯用洗剤を2～3包スーツケースに入れておくと便利だ。靴下はくるぶし丈のものにするとかさばらなくていい（が、すごく日焼けする）。

溜まったメールの返信や次の取材の段取り、宿泊手配や日本とのオンラインMTGなど、細々とした作業をこなす。休息日くらいは町に繰り出して、近隣の観光でもしたいものだが、なかなかそうもいかないのが悲しいところ。また、チームがそれぞれ選手の記者会見を休息日に設定するので、基本的にメディアにオフの日は無い。最近でこそ、会見の模様をオンラインでも配信するようになったので少しはマシになった。

気づけば夕方、16時をまわっている。特に何をしているわけではないのに、レースがある日と同じように時間が経つ。物理的に移動していない分、どこか時間を浪費しているような気すらする。ぶすぶすとくすぶっていると、啓兄が扉をノックした。

「釣り行こう」。

若い頃の夢は釣りのガイドになることだったという彼は、抜け目なく近隣の川をチェックしていて、めぼしいポイントをすでに定めているようだった。川まで20分ほどのドライブ。車窓から見えるのはもちろんアルプスの山々である。いつも日本の鬱蒼とした渓流で釣りをしているから、どこか非現実的な風景に見えてくる。ひととき、自転車レースのことを忘れ、ブラウントラウトと戯れた。

上機嫌で宿に戻ると、ルカがムジェーヴの良さそうなレストランを探し出していた。

一体どうしてフォトグラファーというのは、めぼしい場所を探し出すことにこんなにも秀でているのだろう！　村は前日のように賑わっていて、活気のある夕暮れ時だった。しかし残念なことに、ルカの見つけたレストランはジェイコ・アルウラーチームの貸し切りになっていた。チームにもなかなかのグルメがいるらしい。肩を落として村を歩くが、どこのレストランも人で賑わっている。たまたま小川沿いに見つけたイタリアンレストランが空いていた。とてもよいレストランだった。給仕の男の子の感じが良く、盛り付けの美しいカプレーゼもふっくらと焼き上がったピザも美味しかった。彼はこちらが日本人と知ると、これを見てくれ！　とファイルに綺麗に収納された自慢の遊戯王カードのコレクションを見せてくるのだった。アルプスの山の中で遊戯王を見るとは。日本のソフトパワーは世界のどこまでも浸透している。

食後にその彼がジェネピを振る舞ってくれた。主に標高2500m以上のところで採れる高山植物ジェネピを使ったリキュールは、アルプスではメジャーな食後酒だという。ジェネピの花を思わせる小さなチューリップグラスで、一口でやるのが流儀。スキーリゾートの発展したアルプスではラクレットやチーズフォンデュが郷土料理として好んで食べられるが、濃厚な風味をさっぱりと洗い流す上でもジェネピは重宝しているらしい。一口で飲むには結構な量だったが思い切って飲み込むと、濃厚な薬草の香りが鼻に抜けていき、胃が熱くなる。ほろ酔いで宿に戻る頃には日もすっかり暮れていて、やはり山の稜線が浮かび上がっていて美しい。平穏な休息日の至福を味わった。

この時、翌日のレースが大いに荒れることを知る者は誰もいない。

今年もブラウントラウトを釣ってご満悦な啓兄。

Etape 16

Passy — Combloux

Mardi 18 juillet

◀第16ステージ［個人タイムトライアル］

パッシー ← コンブルー

22.4 km

今大会唯一の個人タイムトライアル。それもアルプス山中の、登り坂の厳しいコースが設定された。選手間の実力差が如実に現れる種目だが、ここまで互角の走りを見せるヴィンゲゴーとポガチャルにまさかの結末。ステージ優勝したヴィンゲゴーからなんとポガチャルが1分38秒遅れてしまった（それでもステージ2位）。これまで2週間を走って10秒だった両者に、大きな差が生まれた。

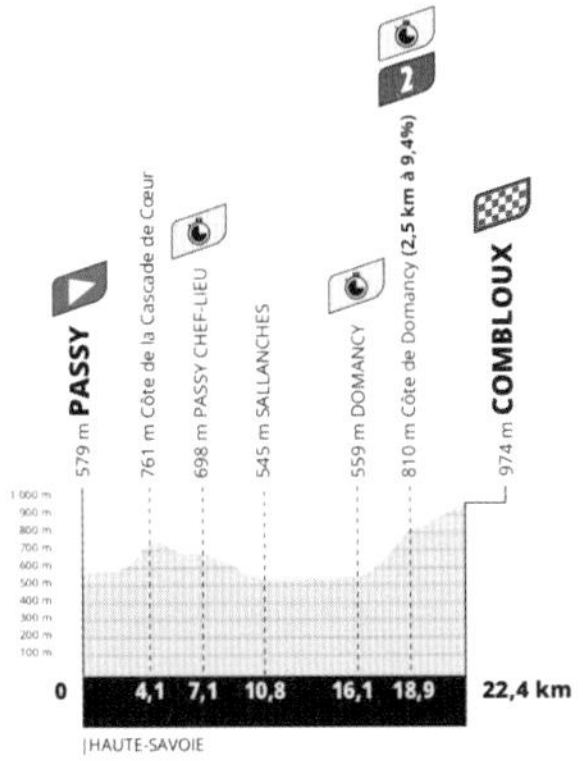

START

パッシー

オート・サヴォワ県の人口1万1300人の町。ツールを迎えるのは初めて。モン・ブランが近いという立地もあり、国際山岳書籍フェアがかれこれ30年以上開かれている。

FINISH

コンブルー

パッシーから5kmほど離れたところにある人口2000人あまりの小村。文豪ヴィクトル・ユゴーは「氷河に囲まれたアルプスの真珠」と称えた。

ステージ順位 TOP3

1	VINGEGAARD Jonas	Jumbo-Visma
2	POGACAR Tadej	UAE Team Emirates
3	VAN AERT Wout	Jumbo-Visma

総合順位 TOP3

1	VINGEGAARD Jonas	Jumbo-Visma
2	POGACAR Tadej	UAE Team Emirates
3	YATES Adam	UAE Team Emirates

ポイント賞

PHILIPSEN Jasper

山岳賞

CICCONE Giulio

ヤングライダー賞

POGACAR Tadej

第16ステージ　パッシー〜コンブルー
個人タイムトライアル　7月18日

圧倒のヴィンゲゴー

今大会唯一の個人タイムトライアル（ＴＴ）の舞台は、アルプスに設定された。パッシーをスタートしコンブルーにフィニッシュする22・4㎞。いずれも我々が滞在するムジェーヴからは隣町という距離感だ。ＴＴはこれまでのロードレースと違い、たった1人で走り、そのタイムが加算される個人戦。力の差が如実にタイムに表れるため、総合優勝を争う上で重要なステージとなる。通常は30〜40㎞ほどの平坦基調なコースが取られることが多いが、今大会はアルプス山脈を舞台に、ヒルクライム（登坂）区間を含むショートコースとなった。

そしてこの22・4㎞が、この年のツールを決定づけてしまった。

マイヨ・ジョーヌを着る総合リーダーのヴィンゲゴーが、ライバルのポガチャルに対し1分38秒という大差をつけてステージ優勝を飾ったのだ。バスク地方からアルプスまで、2週間を戦ってきてその差わずか10秒だった2人の争いは、休息日明けの一日、たった20㎞ちょっとのレースで2分近くまで開いたのだった。ポガチャルはそれでもステージ2位だったことを考えると、ヴィンゲゴーのパフォーマンスが突出していたという他にない。ここまで圧倒的な差が生まれるとは、誰も想像しえなかった。

ＴＴの一日は、取材する側の動きもいつもと異なる。クルマでコースに入ることはできないので、一度あたりをつけた撮影場所のまわりをうろうろと歩き回りながら、分刻みでやってくる選手たちを迎え打つようにして撮る。コース終盤にあるドマンシーの坂は、予想通り観客で埋め尽くされていたので、その先の緩斜面で選手を待つことにした。

このドマンシーの坂は、フランス人の自転車ファンにとっては大きな意味を持つ。１９８０年の世界選手権ロードレースがこの地で開催された時にも、勝負どころとして使われたのだ。その時、世界チャンピオンに輝いたのはベルナール・イノー。最後の偉大なフランス人チャンピオンだと言われる彼は、当日の朝に宿泊先のホテルを出る際「シャンパンを用意しておいてくれ。帰ってきたときには、世界チャンピオンになっているからさ」と言ったことが半ば伝説化している。プリドールとアンクティル以来の、そして最後のフランス国民に愛された自転車選手だった。１９８５年にイノーがツールを制したのを最後に、フランス人の総合優勝者は今日まで現れていない。

沿道に椅子を持ち出していた、明らかに観戦慣れした様子の老夫婦に話しかける。こちらが話題にする前から、イノーの話になった。「彼はこの場所で世界チャンピオンになり、ツールを5回制したんだ」と。2人はピレネーから来ているというから、スペイン国境の山脈からスイス国境の山脈まで、ツールを見るために旅をしてきたことになる。「彼こそが集団における最後のボスだった」と目を細める。同世代のイノーの活躍に、これまでの人生で幾度となく熱狂し、多くの勇気をもらってきたのだろう。今となってはすこし懐かしい南仏なまりのフランス語でイノーを称える彼のことを、少し羨ましく思った。

TTでは総合順位の下の選手からスタートしていき、最終走者がその時点の総合首位の選手という演出がなされるのだが、最後の2名、つまり総合上位2名の走りは圧倒的だった。それまで通過していく選手たちを見ていてもあまり速さの違いは分からなかったが、総合2位のポガチャルの走りは全く違った。明らかにスピードに乗っていて、これはマイヨ・ジョーヌ獲得もあるかもしれないと思わされた。

しかしその30秒ほど後にやってきたマイヨ・ジョーヌのヴィンゲゴーの走りは、次元が違った。視界に入ってから走り去るまでの速度が、ポガチャルとまるで違う。その速度差は周囲の観客たちも静まらせるほどで、鬼気迫る走りにみなが息を飲んだ。ステージ3位に入ったワウト・ファンアールトが「僕は今日ふつうの人間の中では一番だったね」と苦笑いせざるを得ないほどに2人は速く、そしてヴィンゲゴーは抜きん出ていた。帰路、今日ポガチャルのマイヨ・ジョーヌ奪還を信じていたスロヴェニアのファンたちが、肩を落として後片付けをしているのが見えた。

アルプスには愛らしい素敵な村や町がたくさんあるが、ツールを追いかける中ではあまりその良さに触れることができない。他の地域は、町のいいところをコースが通るようにツールを呼び込んでいるのだが、アルプスの町村は大きな通りが村を貫通する作りになっておらず、ツールが通るにしても町外れをかすめるだけという場合が多い。幹線道路からは覗けないのが、山岳地帯の村であり町なのである。フィニッシュ地点のコンブルーも、ただ通過するだけになってしまった。あのヴィクトル・ユゴーをして、「氷河という宝石箱の中の、アルプスの真珠」と呼んだこの町の魅力は、車窓からは少しもぴんと来なかった。無念。

ムジェーヴに戻ってきた。今大会、我々にとってアルプスの真珠はこの村だ。3回目の、そしてここで過ごす最後の夜である。「アリスのカウンター」*という名前のレストランで、子羊をいただいた。今回の旅で初めてちゃんとしたフランス料理を食べた気がする。啓兄は頼んだ山岳風ハンバーガー**のことを今回で一番だと褒め称え、ムジェーヴのことがすっかり好きになった滞在だった。

そんなアルプスでの日々も明日で終わりだ。明日は大会最難関と目されるステージ。悪名高いロズ峠を超えるステージだが、ポガチャルがここで少しでもタイムを挽回できないと、いよいよ総合優勝者が決まることになる。

*

** 「Burger Montagnard」のこと。
ここの定番メニューらしい。

こんなロケーションだから、どうしても登りが多いタイムトライアルになる。

選手が１人ひとり走ってくる個人タイムトライアルは、観戦向きのステージ。

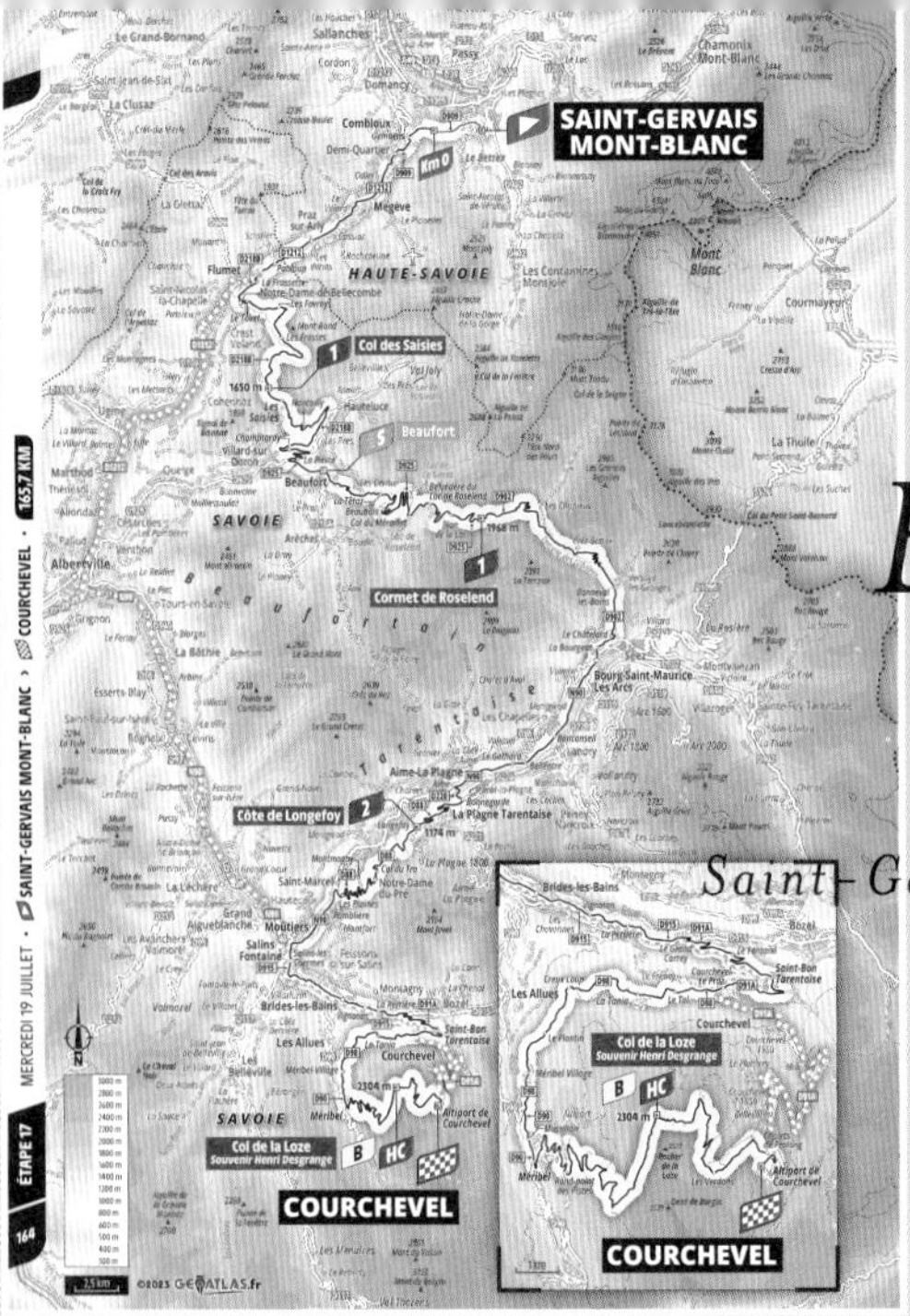

Etape 17

Saint-Gervais Mont-Blanc — Courchevel

Mercredi 19 juillet

◀第17ステージ

サン・ジェルヴェ・モン・ブラン ← クールシュヴェル

165.7km

アルプス最終日は、今大会の最難関ステージ。フィニッシュ手前に待つロズ峠の急勾配区間は道幅が狭く、大会関係車両が選手を巻き込んで停止するトラブルがあったものの、絶不調に陥ったポガチャルはそれ以前に脱落。この日だけで6分以上遅れ、総合優勝の夢は絶たれた。ステージ優勝は大会序盤から積極的に走っていたガルが獲得。来年以降は総合成績を狙える選手としての資質を示した。

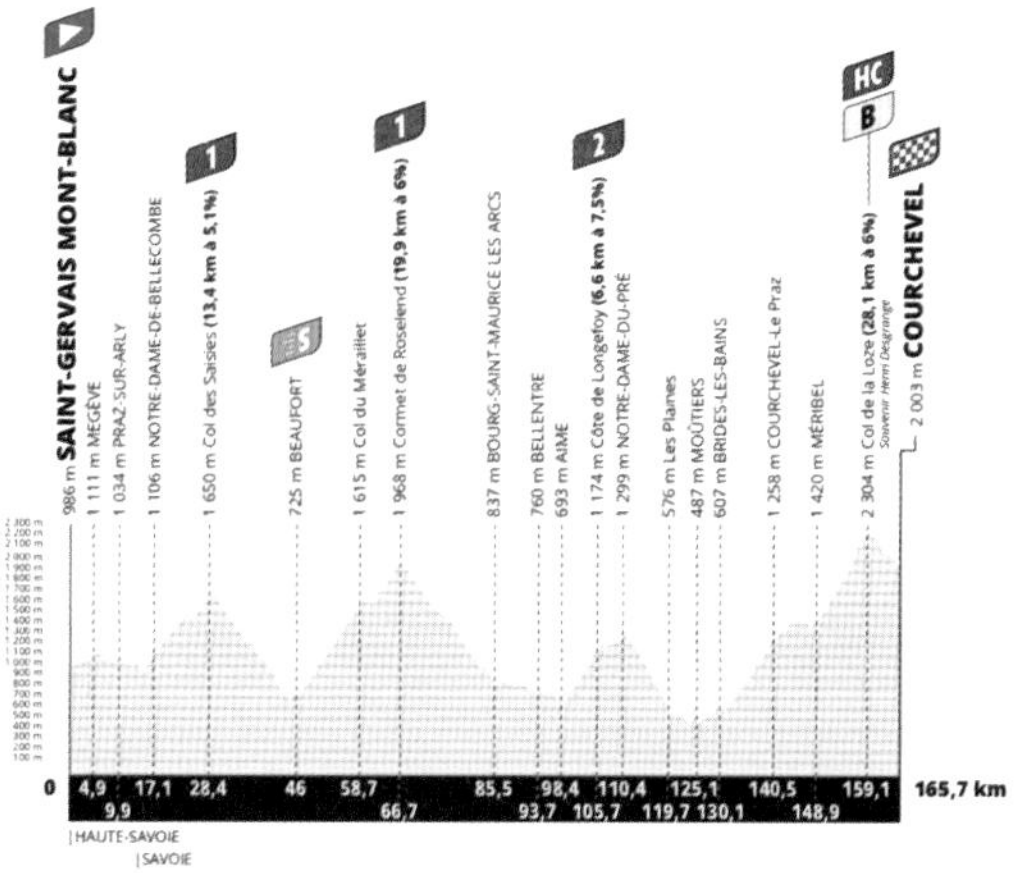

©A.S.O.

START

サン・ジェルヴェ・モン・ブラン

オート・サヴォワ県の山岳リゾート。人口5800人。モン・ブランを一望できるロケーションは季節を問わず観光客を誘引している。

FINISH

クールシュヴェル

サヴォワ県の山岳リゾート。人口2400人。スノースポーツが盛んで、1992年のアルベールビル五輪の際には、スキージャンプやノルディック複合の開催地となった。

ステージ順位 TOP3

1	GALL Felix	AG2R Citroën
2	YATES Simon	Jayco–AlUla
3	BILBAO Pello	Bahrain Victorious

総合順位 TOP3

1	VINGEGAARD Jonas	Jumbo-Visma
2	POGACAR Tadej	UAE Team Emirates
3	YATES Adam	UAE Team Emirates

ポイント賞

PHILIPSEN Jasper

山岳賞

CICCONE Giulio

ヤングライダー賞

POGACAR Tadej

第17ステージ　サン・ジェルヴェ・モン・ブラン〜クールシュヴェル　7月19日

人工の峠で

この日最初の撮影ストップはノートルダム・ド・ベルコンブ。スタートから17㎞地点にあたるここは、目抜き通りに教会が建っているだけの人口500人ほどの小さな村だ。山の中の教会らしく質素で、村全体を見下ろすようにそびえるその様は堂々としている。

どこで写真を撮ろうかと場所を探していると、ショーウインドウの中にジェネピのボトルがあるのが見えた。「ジェネピ！」と言うと、店の女の子が「中を見ていったら？」と言ってくれる。ここはサヴォワ地方の特産品を扱う「ル・グルメ・サヴォヤール」というお店で、中には無数のハムやサラミ、チーズの他にパテやジャム、ハチミツ、ジェネピなどのお酒のボトルが並んでいる。サヴォワ料理はチーズフォンデュやグラタンなど典型的な山のフランス料理だ。ここの食材を使えば、相当に美味しいサヴォワ料理が作れること、間違いなしという感じ*。

* こんなにこの店を褒めるのは理由がある。店内の雰囲気の良さに、「お店の中からツールを撮影させてもらえないでしょうか」と尋ねたところ快諾をしてくれ、「もしよく撮れたら写真を送ってくださいね」と言われたのだった。しかし写真がよく撮れなかった。選手が来る瞬間に、白熱した沿道の観客がフレーム・インしてきて、決め込んでいた構図は成立しなかった。喜んでもらえるような写真がない代わりに、ここにいいお店とスタッフさんがいたことを記しておく。ジェネピをボトルで一本買っていけばよかった。

クールシュヴェルのフィニッシュ地点近くのプレスセンターの裏に、スキーのジャンプ台が見えた。クールシュヴェルはアルプスの大規模スキーリゾートタウンとして知られる町だが、1992年のアルベールヴィル五輪ではスキージャンプ競技の会場になった。建物の裏に見えているスキー台はまさにオリンピックで使われたもので、ノルディック複合で金メダルを獲った日本チームもここを飛んだはずだ。ちなみに、初めての冬季五輪が開催されたのが1924年、会場はモン・ブランの麓シャモニーだったから、アルプスは冬季五輪揺籃の地でもある。

この第17ステージは、今大会を通じて最大の難易度を誇るクイーンステージ*だ。その理由は、クールシュヴェルのフィニッシュ手前に越えねばならない、ロズ峠の存在にある。この峠、そうとうに悪名高いのだが、訪れてみるとその理由がよくわかった。

ツールが走る峠は、原則として古来から人々の往来がある生きた道である。しかし、このロズ峠は、人工的に作られた峠だ。スキー場の管理道に舗装路を敷き、それを自転車専用道路にしてしまったという独特な出自を持つ。つまりスキーゲレンデを直登するのと等しいわけで、とにかく斜面の勾配が険しい。最大勾配24%の激坂区間は、過激なコース設定を避けたがるツールとしては異例の採用ともいえる。自転車専用道

* そのレースで最難関の山岳ステージのことをこう呼ぶ。フランス語でステージを意味する「エタップ」が女性名詞のため、王様ではなく女王という言葉で受けるものと思われる。

路とはいえ、アスファルトを敷いたことによる自然破壊だとの風当たりも強いから、世界最大の自転車レースで活用しているところを見せないといけないのかもしれない。ツールに初登場したのは2020年とその歴史は浅いが、衝撃的な激坂区間と標高の高さ（2304m）から、たちまちカルト的な人気を誇り、夏には多くの一般サイクリストがこの峠に挑むという。

クルマで走ってみると、この峠が人工的であることがすぐわかる。カーブの曲線だったり、勾配の上下の具合が、自然ではないのである。どこか無理に舗装路を敷いたことが感じられ、急に勾配がきつくなったかと思えば、いきなり緩斜面になったりする。これは選手にとって走るリズムが掴みにくい登坂だ。この調子の狂う激坂が今大会最大の勝負どころであることをファンは知っているから、標高2000mを超えているというのにそれはもう大層な人出があった。

おそらく、今大会の山岳で最も人口密度が高い一角が、この最大勾配24%のコーナーだろう。標高が高いこともあって、歩いて登っても息が上がるくらいの急坂の左右に、もう待ちきれないといった体のファンがひしめいている。選手たちに先行してやってくる車両も、人の多さにスピードが出せないほどだ。

あまりの激坂にエンストするものがあった。ぷすん、とエンストすると周囲の観客たちは鬼の首を取ったように大騒ぎである。もはや悪ふざけと言ってもいいほどに、エンストを起こしたドライバーに歓声が挙がる。「やったな！」とクルマをバンバン叩かれている。思えばそれは、この後にやってくる混沌と狂乱の前兆だった。

このロズ峠の観客の多さは言うまでもなく、アルプスに入ってからは、どの峠にいてもその人出に目を見張らされた。もちろん山岳に観客が多いのはいつものことだが、今年は特に多い。先日のジュー・プラネ峠で、ポガチャルのアタックを潰したモーターバイクも、観客が多すぎるゆえに選手との適切な距離を保てなかったのだ。多すぎる観客の存在がレースに影響をもたらし始めているが、レキップ紙は、その原因にネットフリックスの存在を指摘した。

ツール開幕前に、ネットフリックスで『ツール・ド・フランス:栄冠は風の彼方に』*が公開された。前年のツールを取材したドキュメンタリー調のエンターテイメント作品で、ヴィンゲゴーやファンアールト、カヴェンディッシュやフィリプセンといったツールの主役たちにスポットライトが当てられた。世界各国で多く観られ評判もよく、ツールという大会への関心が高まった。とりわけフランスでは、これまでツールを年

* NETFLIX で 2023 年夏にリリースされたドキュメンタリーシリーズ。まったくツールを知らなくても楽しめる構成はさすが。この番組の影響で 23 年のツールは沿道にたくさんの若者がレースを見ようと押しかけた、と言われる。2024 年も新シーズン配信予定。

輩者のものと敬遠していた若年層の興味を惹起することに成功した。今年のツール沿道に観客が多いのは、彼らが生のツールを観ようと大挙して押し寄せているから、というのだ。その真偽は定かではないけれど、日本でさえ自転車に興味の無い何名かの知り合いに「ネットフリックスでツールを観たよ」と言われるくらいだったのでその影響力の大きさは計り知れない。

ヘリコプターの音が近づいてきた。選手たちがまもなくこの激坂区間へやってくる。観客のボルテージは高まり、押し寄せ、ただでさえ狭い道幅はもう自転車一台が通るのがやっとという具合になった。逃げていた先頭の選手たちが数名通過するときには、歓声に嬌声に怒号が飛び交う熱狂ぶり。そしていよいよ総合優勝を争う選手たちのお出まし……というところで、モト（オートバイ）がスタックした。激坂なのと、人が多すぎて速度が出せず、エンストしてしまったのだ。もうエンジンはかからない。大人2人を乗せた大型モトは、ずるずると下がってしまい、観客の中に突っ込みそうになった。この後、有力選手たちや他の関係車両が続々とやってくる。モトのドライバーはパニックになってエンジンを躍起にかけようとするが、そうすればするほど後ろに下がっていく。完全な悪循環だ。

すると観客たちが、一丸となってモトを引っ張り、押し始めた。屈強な男性3〜4人がかりでもバイクは遅々としか進まず、時に弾き返されつつも、なんとか激坂区間を押してクリア。広いところへ抜けることができた。が、問題はその後だ。

まさに選手の直前を走っていたモトが同じようにスタックし、クルマも巻き込んで完全停止。まったくエンジンがかからず、慌てふためくほどにずり下がっていく。また観客たちは総出で引き上げようとするが、そうするともはや道路に選手の走るスペースは皆無なのだった。マイヨ・ジョーヌを着るヴィンゲゴーを始め、後続の選手たちも多く巻き込まれたから、一時この激坂区間は騒然とし、混乱状態に陥った。観客たちはモトを、クルマを、そして選手の背中を押し上げてこの激坂を越えさせようとする。混沌のさなかでの唯一の秩序は、道路上にいる者をとにかく先に進ませる、ということだけだった。

この前代未聞のハプニングは、大きな問題にならなかった。すでにここに至るまでに、総合2位のポガチャルが大きく遅れていたのだ。彼は一番望まざる日に「バッドデイ」を迎えてしまった。ヴィンゲゴーが車両に行く手を阻まれて数十秒をロスしても、なんら問題のないことだった。ポガチャルはその時、はるか後方で苦しんでいたのである。「もう僕はダメだ[*]」と白旗まで上げていた。これで完全に、この年のツールはヴィンゲゴーのものとなった。

トラブルが容易に想定される最大勾配24%の激坂を取り入れた主催者にも反省はあったようで、この日は誰にも懲罰処分[**]は下されなかった。確かにあまりに多くの観客がいたことが、この混沌の遠因ではある。ただ、たくさんの観客を呼び込んだのも、主催者が肝いりで制作協力したネットフリックスのドキュメンタリーだとすれば、大っぴらに観客を批判することもできない。むしろこの日、あの混沌の中でレースを正しく進めようともがき、車両や選手を押したのは観客だった。観客がいなければスムーズな運営ができるのかもしれないが、観客のいないツールは無味乾燥としたものとなることは、今回ピュイ・ド・ドームで感じたことでもある。それに、沿道でツールを見ることができなくなったら、この旅で出会ってきた人たち――10歳の頃に見た1964年のツールを語るお祖父さんや、1980年のイノーの活躍を自分ごとのように語る親父――はいなくなることになる。何もかもが映像や文章で記録される時代ではあるけれど、口承で、主観的に語られる物語にも、ツールという大会の真実があるはずだ。

* 実際のレース中の発言。チーム無線に話していた声が放送にも乗っていたそう。
** 第14ステージよりもレースに与えた影響は大きいはずだが…。

純粋な混沌だった。スタックしたモトがレースコースを塞ぎ観客が助けようとする。

狂乱じみた空間にいたせいで、頭がぼーっとしたままロズ峠を下ったが、この下りの景色はピカイチで、我に返った。ロズ峠を登るサイクリストは、激坂の登りに魅力を感じている人たちだろうが、この下り坂を知ってしまうとまた登りに来たくなるはずだ。

クールシュヴェルの東に位置する一棟貸しのシャレーにチェックインし、夕食へ。峠から降りてきたと思しき観光客がたくさんだったが、運良く4名分の席が空いたということで「ラ・モンターニュ」というレストランに落ち着いた。「山」を意味する店名に違わぬ山小屋でいただくサヴォワ料理は美味しかった。アルプスもこれで終わりだ。ツールはパリへと北上を開始する。

Etape 18

Moûtiers —
Bourg-en-Bresse

Jeudi 20 juillet

◀第*18*ステージ

ムティエ ← ブール・カン・ブレス

184.9km

アルプス山脈を抜け、ツールはパリ方面へ進路をとる。大きな上り坂の無いつなぎの平坦ステージは、スプリンターのための一日になる予定だったが、過酷な山岳超えで重量級の選手たちには疲労が溜まっていた。3名の選手が集団から逃げ切り、アスグリーンがキャリア初となるツールのステージ優勝を手に入れた。総合成績狙いの選手たちは翌々日に控える最後の山岳ステージに備えて温存の一日に。

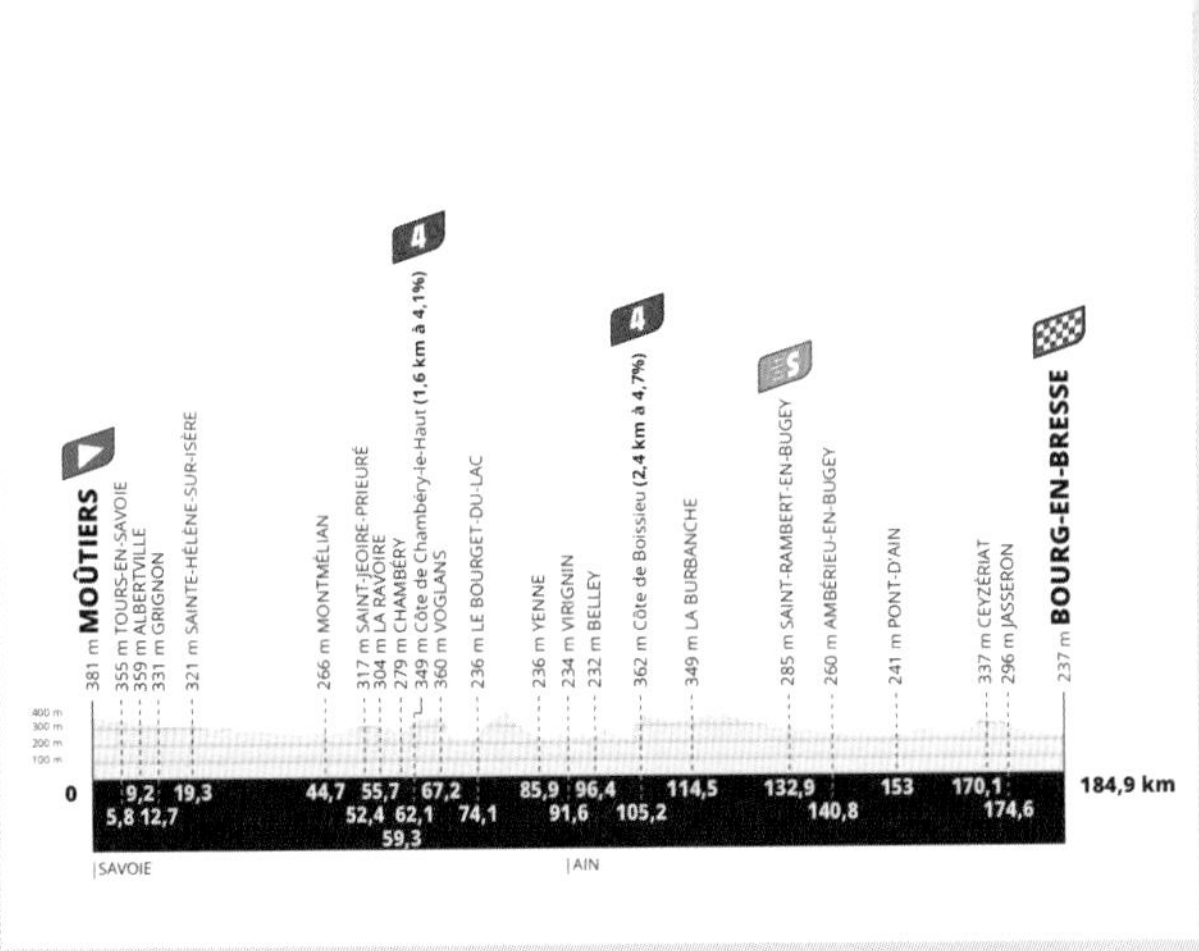

©A.S.O.

START

ムティエ

サヴォワ県にある人口3600人の町。隣町アルベールビルの五輪時にはテレビ放送局の拠点となった。ツールを迎えるのはこれで4回目。

FINISH

ブール・カン・ブレス

アン県の県庁所在地。人口およそ4万2000人。美食の町として知られ、とりわけこの地で産出されるブレス鶏は一大ブランドとなっている。

ステージ順位 TOP3

1	ASGREEN Kasper	Soudal Quick-Step
2	EENKHOORN Pascal	Lotto Dstny
3	ABRAHAMSEN Jonas	Uno-X

総合順位 TOP3

1	VINGEGAARD Jonas	Jumbo-Visma
2	POGACAR Tadej	UAE Team Emirates
3	YATES Adam	UAE Team Emirates

ポイント賞

PHILIPSEN Jasper

山岳賞

CICCONE Giulio

ヤングライダー賞

POGACAR Tadej

第18ステージ　ムティエ～ブール・カン・ブレス　7月20日

「デパルトマン」の仕事

　スタート地点のムティエを出たら、今日はアン県のブール・カン・ブレスまで、平坦路でゆく「つなぎのステージ」だ。いよいよアルプスとはおさらばであるとともに、ここまで山岳を耐え抜いてきた重量級のスプリンターたちにとっては、貴重なチャンス。最後の平坦ステージは第11ステージだったから、実に1週間ぶりの出番となる。

　フィニッシュ地点のブール・カン・ブレスは、第13ステージのスタート地点で池だらけのエリアだと紹介したシャティヨン・シュル・シャラロンヌと至近。つまり、今日のコースはおおよそ走った地域を再び走ることになる。写真撮影の重要度はそう高くない。そんなこともあって、この日はいつもと違う取材をしたいと、ヴィラージュで「デパルトマン《Départements》」の広報担当のテアさんに話をつけていた。今日は、その仕事に密着させてもらう。

「デパルトマン」は日本の府県に相当する行政組織のこと。フランス本土に96団体があるので、日本よりだいぶ多く、規模は小さい。「デパルトマン」の上に、より大きな行政区画「レジオン」があり、これは本土で13ある。ちなみに今年のツールで通過した「レジオン」は6つ。「デパルトマン」は23だ。フランス一周と言いながら、そうではない事実はここにもうかがえる。

ツールには、「デパルトマン」が主催者と協力して、コース整備に当たっている。大きな地域圏のくくりである「レジオン」よりも、地域ごとに細かく分かれた「デパルトマン」の方が、フランスをあちこち巡るツールにおいて、小回りの効いた作業や連携が取りやすいのだろう。レースが開催される数ヶ月前から各「デパルトマン」の職員はルートの整備に乗り出し、自分たちの地元にツールを迎え入れる準備をはじめる。ツール当日には、選抜された11名のスタッフが道路状況をチェックしてコースを走り回る。スタートからフィニッシュまで、毎日ルートをクルマで走りながら、最終的に道路が安全かを判断し、場合によっては清掃や障害物の撤去、場合によっては除雪も行うという。

今日はこのレースの前を走る「デパルトマン」の車両に同乗させてもらい、その活動を見学する。ツールの裏方の仕事ぶりの取材だ。

デパルトマンのクルマ（通称ピカチュウ号）。

ハンドルを握るのは、ツール現場で「デパルトマン」チームをまとめ上げるディレクターのアンドレ・バンカラ。朝のヴィラージュでは、誰もが彼に「ボンジュール、サリュー！」と声をかける。大柄で快活で常に笑みを絶やさない彼は、みんなに愛されていることがすぐに見て取れるが、それもそのはず。1997年からこの仕事をしていて、今年で26年目なのだという。2000年代以降のツールの生き字引ともいえる人物だ。

ツール3週間を駆け抜けるデパルトマンのメンバーはアンドレを入れて11人。ネオンイエローがシンボルカラーで、モットーの「ÇA ROULE《走ってます》」がプリントされた車両が彼らのオフィスだ。通常のクルマが3台（ピカチュウと呼ばれていた）、バンタイプの大きなクルマが3台、そして強烈に大きな作業車が1台という布陣だ。

仕事はというと、大変な肉体労働だった。選手たちよりも1時間ほど先に出発した部隊は、トランシーバーで連絡を取り合いながらコースを進む。何か異常を察知したら、それを修繕・排除する。例えば、沿道の観客が掲示している応援バナーが剥がれかけているのを見つけたら、直すように声をかける。路上に中央分離帯の反射板が飛び出していて撤去ができなければ、ピンク色のスプレーで色付けをして、選手たちが気づくようにする。事前に地元の「デパルトマン」職員によって、危険箇所に緩衝材が置かれたり、方向指示看板が設置されているのだが、不慣れで要領を得ないことがある。そんな中途半端な仕事を見つけると、クルマを降りて自ら修正作業を行う。看板の矢印の向きひとつとっても、選手が直感的にわかる方向というものがあるらしい。看板を留めている針金などもはみ出さないよう丁寧に処理する。

クルマを止めて降りてまた乗って、という作業が延々続く。スタートしてからほとんど進んでいないのではないかと思ったが、アンドレ曰く「町の中が一番忙しい」という。確かにフランスの町中は、クルマがスピードを出せないように路面に凹凸がしてあったり、応援する人の数も多いから何かと気を遣う場面は多い。一度郊外に出てしまえば、比較的スムーズだという。とはいえ、落石だったり、ひび割れだったり、気温が高い時には溶けたアスファルトだったりと200km も走る中では様々な障害に出合う。

順調に作業を進め、選手たちからだいぶ先行したので、一度木陰で集合した。ここまでの路面状況や、標識の付き方などチームで情報交換をする。するとアンドレが、「せっかく取材に来たのだからコイツにも乗ってみなよ」と指差すのは、超大型の作業車。巨大なブラシを装備したこの車体は見るからに「はたらくくるま」であり、行く先々で主に子どもたちの歓声を集めている一台だ。「グロ・レオン」という愛称で呼ばれているという。

「グロ・レオン」は、普段はボージュ地方で稼働している作業車で、ツールがない時は草刈りと除雪で市民生活を助けている。しかしひとたびツールに召喚されると、無敵の清掃車となって道路上のあらゆる障害物を排除する。このクルマも3000km以上を走るわけである。昨日のロズ峠の「あの激坂」でも、勾配を苦にすることなく進んでいく姿は圧巻だった。

この「グロ・レオン」を運転するのは、7年目のトントンである。朴訥で無口だが、どこの国の者ともしれない取材者を気遣ってくれる心優しき男だ。しばらくは前を走るパトロールカーを運転していたが、ここ2年は「グロ・レオン」を操縦しているらしい。３ｍくらいある運転席から見るツールのコースはまた景色が違って見えて新鮮だが、何より沿道の観客たちが温かく迎えてくれる。なんなら拍手もしてくれて、この巨大な作業車は民衆のヒーローだ。しかし、このクルマであってもアンドレたちと同様、何か危険箇所や違和感を見つけるとトントンは俊敏に飛び降りて路上に繰り出す。乗り降りだけでも大変そうだ。

またチームが集合した。今度はランチタイムということで、一台のクルマからたくさんサンドウィッチが配られた。いつも食べる暇もなく昼食をとらないことが常態化している取材旅だから、すごく嬉しい。そして美味しい。どんな仕事の時も、食をおろそかにしないというフランス人らしさを見たような気がした。

再びアンドレのクルマに乗り換えて、フィニッシュ地点を目指す。28年間もツールに帯同している彼は、激動の時期を過ごしてきたことになる。この間にツールを取り巻く環境は大きく変わった。フランス語以外通じなかったレースはすっかり英語にとって変わられ、コースは短縮化の一途をたどり、夏は年々暑さを増す。彼はなぜツールに惹かれ続けるのだろう。

「人生で初めてツールに触れた記憶は、きっと多くの人と同じように、祖父母の思い出と結びついている。バカンスで訪れた祖父母宅の前をツールが通ったんだ。選手のことは誰ひとり知らなかったけど、これがツールだということはわかっていた。僕は1966年生まれなので、それは1976年ごろだったと思う。大人になってからの思い出は、1998年。もうツールで働くようになっていたけれど、この年はフランスがサッカーワールドカップで優勝したんだ。ツールはダブリン開幕で、僕は現地にいたんだけど、寝ずにみんなで祝福騒ぎだったから、翌日は疲れ切ってた。今からレースが始まるってのにね（笑）」

まるで昨日のことのように楽しそうに語るのだった。しかし、変わらない思い出もあれば、年月に伴って変わるものもある。

「25年前と比べて変わったものはいくつかある。まずは、道路がより安全性を高めるように作り変わっている。ロン・ポワン（ロータリー）なんて5倍くらいに増えていると感じる。だからそれだけ、安全管理のスタッフを増やす必要は出てきているね。

もうひとつは選手たちだ。彼らはよりプロフェッショナルになって、バブルの中から出てこなくなった。昔はもっとツールに家族的な雰囲気があって、気さくに話したり、サインをもらったりとか気楽に接することができたんだけどね。
そして最後に、観客だ。昔も今も、たくさんの観客がいることは変わらないけど、以前はもっと選手たちに敬意を払っていたと思う。いまの観客は選手と併走したり、セルフィーを撮ろうとしたりする。これは近代化とSNSのせいだろうね。
これはフランスのDNAだと思うけど、僕たちは規律を重んじない民族なんだ(笑)。昨年、デンマークには驚くほどの観客がいて、酒を飲み歌っていたが、彼らは道から一歩下がってレースを楽しんでいた。私達も同じように酒を飲むけど、その後は何でもありになるから」

だとすれば、ピュイ・ド・ドームの時のように、観客がいないツールにするべきなのだろうか？

「それは違う。山岳などでは区間を決めて制限をするといった工夫をするべきだ。

ツールが観客を排除したなら、それは魂を、心を失うことになる。ツールを作り上げる要素のひとつは、道端に座ってサンドウィッチを食べている人や、地元の旗を掲げる人、子どもたち、仮装をしている人たち、沿道にいるこうした人たちだ。彼らがツールの心なんだ」

気づけばフィニッシュ地点のブール・カン・ブレスは近づいていた。184・9kmの行程をすべてチェックしながら走った「デパルトマン」のピカチュウ号ともこれでお別れだ。アンドレにも貴重な一日のお礼を告げる。だが彼とはこれでお別れではない。明日も明後日も、ツール・ド・フランスという巨大な村でともに旅を続けるのだから。

この第18ステージを夢見続けたスプリンターにとっては、苦い一日となった。序盤から飛び出していた選手たちが僅差で逃げ切ってしまったのだ。「退屈なつなぎのステージ」が最後まで手に汗握る白熱したものになったから、主催者も喜んでいるだろう。こうして平穏にレースがフィニッシュするのも、考えてみれば「デパルトマン」のみんなの働きあってこそなのだ。

「グロ・レオン」。この車体で、時速 80km でレースコースを走り抜ける。

デパルトマンの指揮をとるアンドレ。お茶目で気のいい、この道 28 年目のベテラン。

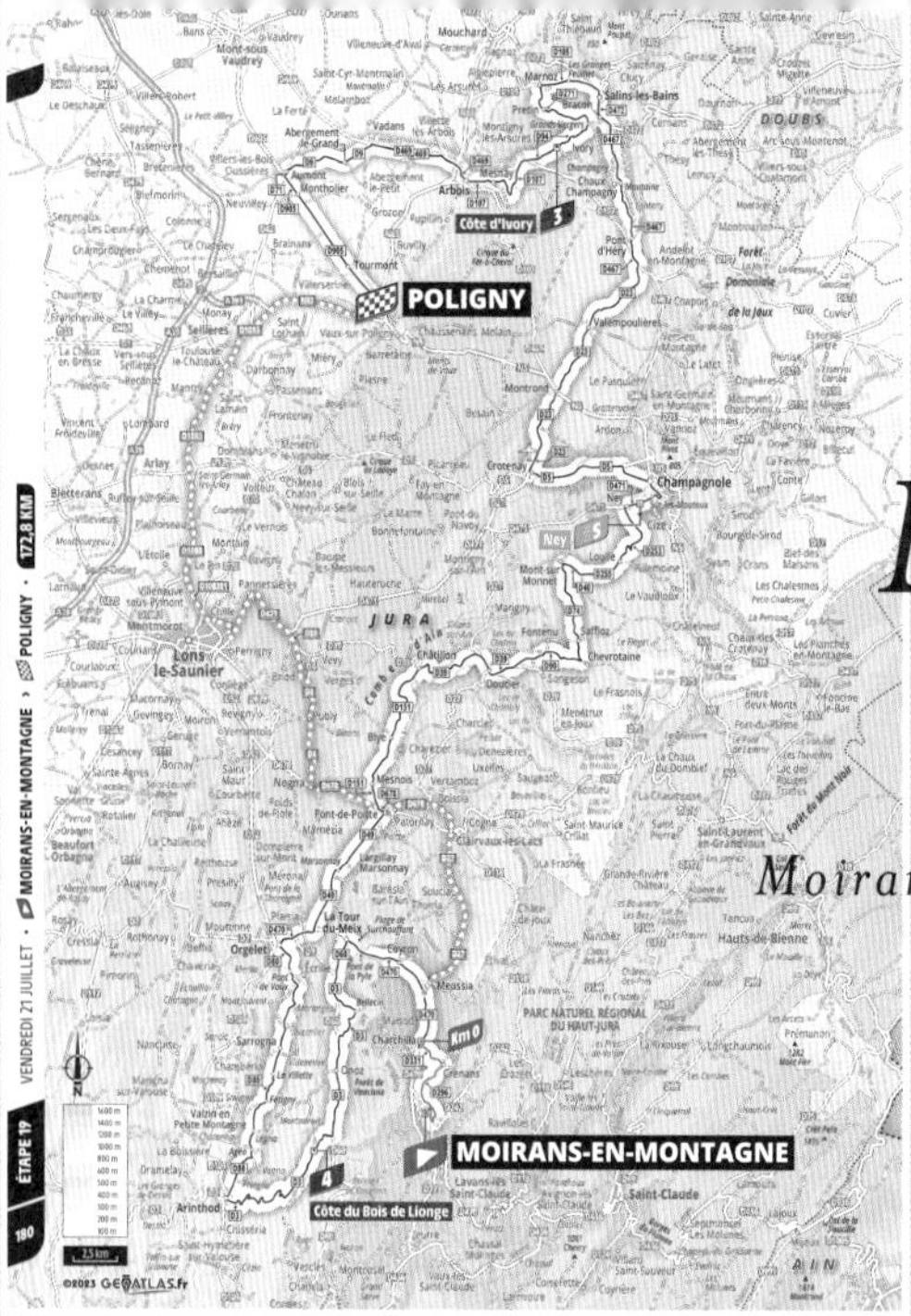

Etape 19

Moirans-en-Montagne — Poligny

Vendredi 21 juillet

◀第19ステージ

モワラン・アン・モンターニュ ← ポリニー

172.9km

翌日に最後の山岳ステージがあり、翌々日は最終日パリ・シャンゼリゼの集団スプリントが想定されることから、逃げでステージ優勝を狙える最後のチャンス。多くの選手が飛び出しを図り、生き残った3名での勝負をモホリッチが制した。彼もまたビルバオ同様にその勝利を6月に亡くなったチームメイトのメーダーに捧げた。優勝者会見は涙なしには語れないものとなった。

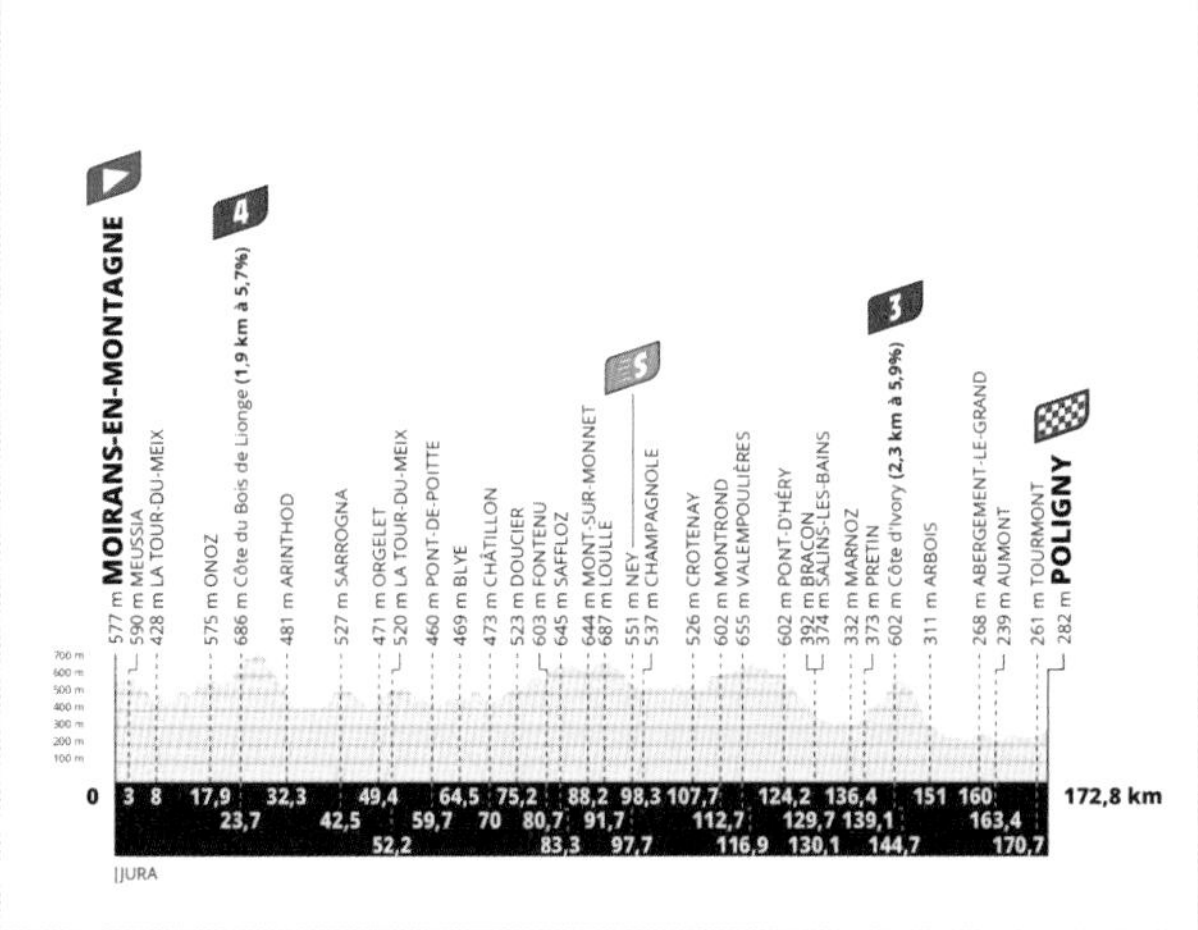

©A.S.O.

START

モワラン・アン・モンターニュ

ジュラ県に位置する人口2200人の町。木製玩具の製造が盛んなことで知られ、7月にはイデクリックという子どものためのお祭りが開かれる。

FINISH

ポリニー

ジュラ県にある人口4400人の町。ジュラ山脈の台地に位置し、コンテチーズの中心地。ジュラワインの生産も盛んで、2月には国内有数規模のワインのお祭りが開かれる。

ステージ順位 TOP3

1	MOHORIC Matej	Bahrain Victorious
2	ASGREEN Kasper	Soudal Quick-step
3	O'CONNOR Ben	AG2R-Citroën

総合順位 TOP3

1	VINGEGAARD Jonas	Jumbo-Visma
2	POGACAR Tadej	UAE Team Emirates
3	YATES Adam	UAE Team Emirates

ポイント賞

PHILIPSEN Jasper

山岳賞

CICCONE Giulio

ヤングライダー賞

POGACAR Tadej

第19ステージ　モワラン・アン・モンターニュ～ポリニー　7月21日

残すところ3ステージ。明日と明後日はスタート地点に寄ることができないので、ヴィラージュでの毎日のルーティンもこれが最後になる。すでにほとんど埋まっている駐車場にクルマを停め（いつもは我々の朝はゆっくりだ）、出発の時間を確認し合ったらそれぞれで過ごす朝の時間。啓兄やルカはフォトグラファー仲間と「今日はどこで撮る？」と話し込んでいるし、磯部くんはチームバスに出向いて行っては、面白い機材がないか目を光らせている。僕はと言うと、ぶらっとヴィラージュに行ってレキップ紙をもらい、「センセオ」*のコーヒーを飲みながら見出しを読む。

昨日大変お世話になった「デパルトマン」のブースに行って、テアとアンドレにお礼を言う。テアは今日のフィニッシュ地点が実家に近いということで、「今日はレース終了後に家に帰るの」と嬉しそうだ。アンドレは相変わらずたくさんのボンジュールに愛想よく応えながら、あちこち動き回っている。

この日のコースは、一度通過したエリアをまた通るような入り組み方をしている。

* 大会スポンサーの「センセオ」は、ポッドと呼ばれるティーバッグを使用するコーヒーマシンのメーカー。手軽に、しかも速くコーヒーが抽出できるとあり、フランスのスーパーマーケットでもよく見かけた。ものすごく美味しいわけではないけれど、無いと無いなりに口が寂しいくらいにはこの3週間で舌が馴染んでしまった。プレスセンターにもこのコーヒーマシンが置かれていて、毎日2杯は飲んでいるのだからそれも仕方ないか。

ツールではこうしたレイアウトは珍しいのだが、ジュラ県を通るのは大会を通じて今日だけなので、明媚な場所をなるべく通過させたいという自治体の思惑があったに違いない。その甲斐もあってか、フォトグラファーにとっては撮影機会を作りやすいコースでもあった。この日は最終的に4箇所で撮影することができた。

最初の撮影ストップは、ヴグランダムに架かるピル橋。ここにはすでに多くのフォトグラファーたちがカメラを構えて待っていた。なるほど、橋のスケールも、エメラルドグリーンに輝くダムの水の色も申し分ない。ここは1968年に落成した、フランスで三番目に大きいダム湖ということだが、湖底にはかつての集落跡*が沈んでいるらしい。

次にクルマを停めたのはポン・ド・ポワットの町。先ほどのピル橋から直線距離では北に7㎞ほどしか離れていないが、レースコースは南に迂回して50㎞ほど走ってくるため、先回りは簡単だった。見慣れた黄色いクルマが停まっていて、アンドレと「デパルトマン」のチームが作業中だった。

撮影を終えると再び走り出し、112㎞地点のモンロンまでやってきた。「丸山」という名前の通り、小高い丘が町を見下ろしているが、かつてその山頂にあった城塞

* 地元のワインメーカーはここに沈む修道院跡に目をつけ、ワインのカーヴとして利用しようと考えた。2008年、276本のワインボトルがこのダムの水深60mのところに沈められ、いまも熟成中だという。このプロジェクトでは20年ごとに24本ずつを引き上げ、その熟成具合、通常セラーで保管したものと味の違いをみていくとのことで、息の長い話である。

は姿を消しており、のどかな小村である。たくさんの人達が沿道で選手たちの到着を待っていて、これぞツールの街角という雰囲気。

野心が芽生え、観客の連れていた犬を被写体に写真を撮るという挑戦をしてみた。飼い主によって賑やかな通りに連れてこられた犬はそれだけで戸惑っていたようだったが、カメラを向けられてあからさまに困惑の表情を強めた。

すでに3回の撮影ストップを行ったが、この日の本命はこの後にやってくるアルボアの町。フィニッシュまで22km地点だから、ここで撮ったらゴール写真は逃すことになる。けれども、どうしてもここで撮りたくて、この日同乗していた磯部くんにお願いして立ち寄ってもらった。実はこの町に、去年も来ていたのだ。

ポーやパリのようなお馴染みの町を除くと、2年続けてツールが通る町というのはほとんどない。特にアルボアはこの2年、スタートでもフィニッシュ地点でもなく、

急にレンズを向けたことで、困り顔にさせてしまった。

コースの途中で通過するだけの街だった。昨年ここで写真ストップを行ったのは全くの偶然だったけれど、その時に酒屋の前で写真を撮ったことを思い出す。ワインを片手に観戦を楽しんでいる女性たちのグループは、その酒屋「ロレ・ペール・エ・フィス」の従業員とのことで、アルボアが誇る「ヴァン・ジョーヌ」について教えてくれた。

「ヴァン・ジョーヌ」とは黄色いワインのこと。このアルボア一帯のジュラ地域はワインエリアとして知られているが、中でも「ヴァン・ジョーヌ」は特産品として高い人気を誇るという。グラスに入ったワインを見せてもらったが、透明感と気品のある美しい黄色は印象に残った。マイヨ・ジョーヌを巡るツールにこれほどうってつけのワインもないだろう。ワインを見ていると、この町自体も黄色いことに気づいた。建物の肌がうっすら黄色をしていて、街全体がさきほどのワインに染まっているように見えるのだ。コースマップでアルボアの名前を発見したときに、あの美しい町にもう一度行くことはもはや必然だった。

残念ながら、昨年とはツールが通る道が変わっていた。この町の目抜き通りは「ロレ・ペール・エ・フィス」から一本北側にある広場に接続し、頭上には華やかな装飾が施されている。この装飾はツールに合わせたものではなく常設されていて、黄色い町の風景と相まってとても愛らしい。やはり、この町には好感が持てる。

朝に写真を撮ったヴグランダムには276本のワインボトルが湖底で熟成を重ねていると先に書いたが*、それはここアルボアのワイン生産者の取り組み。そのうちの60本が「ヴァン・ジョーヌ」だということだ。最初の引き上げは2028年に予定されているが、その時に合わせてアルボアがツールを招致し、マイヨ・ジョーヌを着る選手に黄色いワインをプレゼントする……なんて機会があるかもしれない。

レースのフィニッシュには間に合わなかったけれど、プレスセンターに行くと「ヴァン・ジョーヌ」のグラスが並んでいる。一杯どうぞ、ということらしい。運転手でないのをいいことに、一杯いただいた。ボルドー、リブルヌ、ボジョレー、マコンとフランスのワインどころを数々通ってきたが、ようやくちゃんと地のワインを飲むことができた。言うまでもなく、黄色いワインは今回の旅で一番だった。

プレスセンターで出されたヴァン・ジョーヌ。気品のある黄色をしている。

* 233頁注参照。

このヴグランダムの底で、276 本のワインボトルが静かに熟成を重ねている。

2 年連続でやってきたアルボアの街。黄色みがかった、素敵な街。

Etape 20

Belfort – Le Markstein Fellering

Samedi 22 juillet

◀第20ステージ

ベルフォール ← 133.5km ル・マルクシュタイン フェレリング

舞台はドイツ文化の香るアルザス地方へ。ヴォージュ山脈を登る今大会最後の山岳ステージだが、総合ではヴィンゲゴーが2位ポガチャルに7分35秒差をつけており、焦点はステージ優勝争い。中盤にかけてフランスの英雄ピノが奮闘したが、ステージ争いは復調したポガチャルが意地を見せ今大会2勝目。総合では2位に留まったものの、その実力は示した。

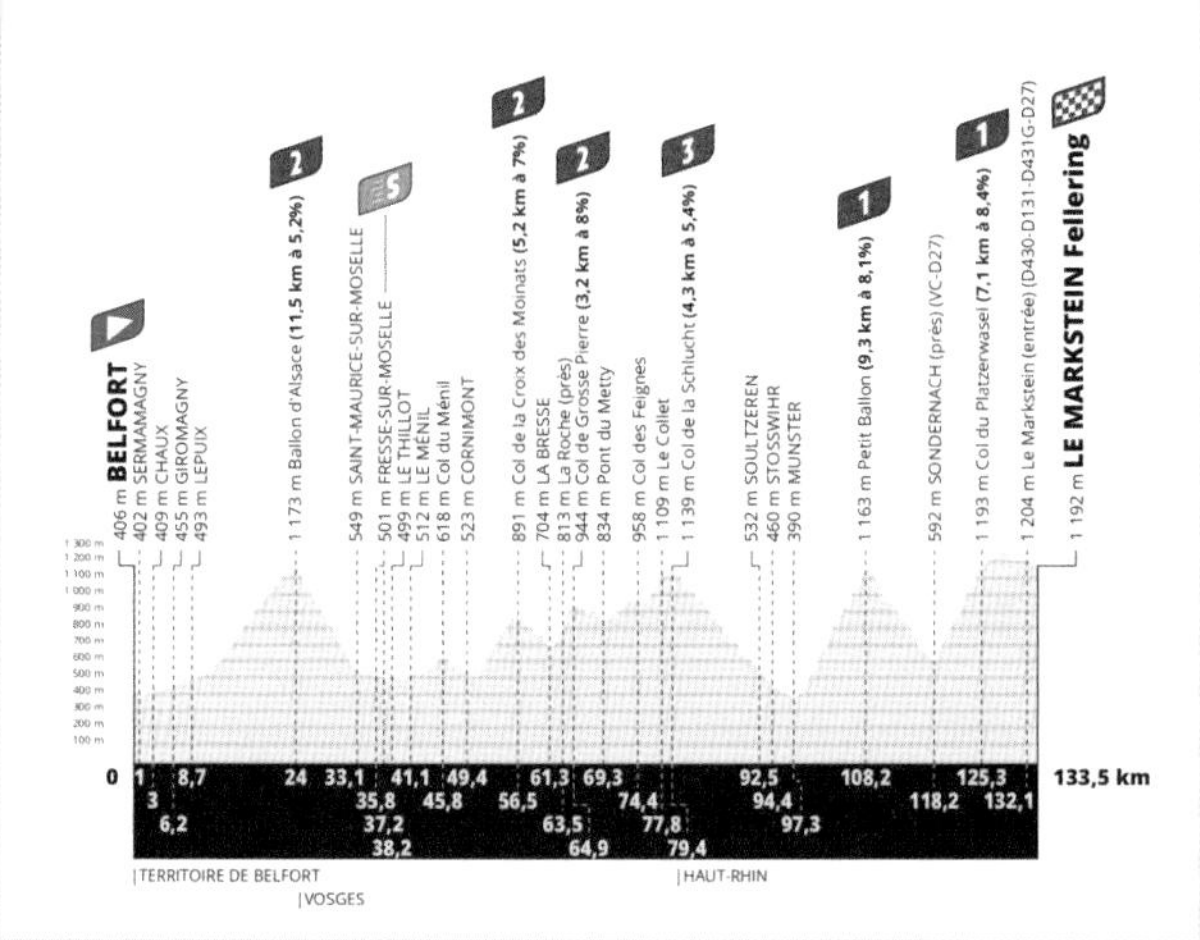

©A.S.O.

START

ベルフォール

テリトワール・ド・ベルフォール県の県庁所在地。人口5万人。ツールには実に32回目の登場。軍人建築家ヴォーバンの手による星型の要塞は世界遺産に登録されている。

FINISH

ル・マルクシュタイン フェレリング

オー・ラン県にある標高1200mのスキーリゾート。近年は自転車誘致に積極的で、2022年に現行の形態で初開催された女子ツール・ド・フランスにも登場。

ステージ順位 TOP3

1	POGACAR Tadej	UAE Team Emirates
2	GALL Felix	AG2R Citroen
3	VINGEGAARD Jonas	Jumbo-Visma

総合順位 TOP3

1	VINGEGAARD Jonas	Jumbo-Visma
2	POGACAR Tadej	UAE Team Emirates
3	YATES Adam	UAE Team Emirates

ポイント賞

PHILIPSEN Jasper

山岳賞

CICCONE Giulio

ヤングライダー賞

POGACAR Tadej

第20ステージ　ベルフォール〜ル・マルクシュタイン フェレリング　7月22日

「山岳王」最後のステージ

最終ステージを目前にしながら、ツールはまた違うフランスの顔を見せようとする。前日のフィニッシュ地点ポリニーから150km も離れたベルフォールをスタート地点に置いたのは、この日を明確なアルザスステージにするためだろう。ここまで3週間、線で繋がってきたツールのコースだが、ここにきて飛び地的なステージが設定された。

フランス東部のアルザス地方は、ドイツとの国境にあり、ドイツ文化の色濃い影響を受けるエリアとして知られる。歴史的にはフランスに属したり、ドイツに属したりと、国境の定まらなさゆえに為政者たちに翻弄され、多文化が重層的に折り重なっている場所でもある。

スタート地点のベルフォールは、厳密にはアルザス地方ではない。が、ドイツとの国境近くという立地上、歴史的にアルザスの精神的支柱のような町だったという。いかにこの町が争いの渦中にあったかは、町の背後にあるヴォーバン*の要塞が示してい

* 17世紀の軍人・建築家のヴォーバンは、特に要塞建築に秀でていた。フランス各地に要塞を作ったが、中でも特筆すべき12基の要塞は世界遺産に登録されている。町ではなく、建築家が作った一群の建造物が世界遺産に登録されることは珍しいが、それだけヴォーバンの仕事ぶりが類例のない、突出したものだったということだろう。

る。大きな岩山が町を見下ろすような造りだ。

スタート地点は、まさにこの要塞に見下されるベルフォールの町中に置かれていた。ツールはまた世界遺産をコースに取り入れたのね、と思っていたら、このヴォーバンの要塞はその12基には含まれていなかった。だからというわけではないが、すっかりこの要塞のことをなど知らずにベルフォールを発ってしまったのは痛恨の極み。要塞の麓には巨大なライオン像が鎮座していて、それはあのプジョーのエンブレムのモチーフにもなっているということだったが、我々の取材車はシロトエンとフィアットなので、とにかく縁が無かったということだろう。

そのライオン像の作者は、バルトルディという彫刻家で、あの自由の女神像も手掛けた人物だ。彼の代表作のひとつは、クレルモン・フェランのジョード広場にあるという。そう聞いて、「第11ステージのスタート地点だ！」と写真を見返してみると、彼の手による「ウェルキンゲトリクス像」は、マイヨ・ジョーヌを着せられ、ツールのロゴが入った旗を持たされていた……。あまりにカジュアルな扱いで、現場にいてもまったく名作に気づかなかったのだ。そういうニアミスはこの忙しない旅の中、気づいていないだけでたくさんあるだろう。

この日最初の撮影場所として選んだのは、バロン・ダルザス。標高1173mの2級山岳に入ると、どこか風景がこれまでの峠道と違う。木々が鬱蒼としていて、その多くが針葉樹で緑が濃い。それに、道幅もそう広くなく、どことなく日本の峠道に近い印象だ。アルプスの明るく広い峠道とはだいぶ趣が異なる。山頂付近は木々が無くなり開けたが、どことなく低山という雰囲気だ。写真を撮るかとクルマを駐めた啓兄だったが、山頂をしばらく見渡した後で、「やっぱやめる」と言ってエンジンをかけた。あまり絵にならないらしい。

絵にはならなかったバロン・ダルザスだが、実はツールの歴史上初めての「山岳」として登場した由緒正しき登り坂である。それはツールが始まって3年目を迎える1905年のことで、「より過酷なレースにして大会をスペクタクルなものにしたい」という主催者の意向により取り入れられた。当時は自転車にギアなど無かった時代。名物大会ディレクターのアンリ・デグランジュは勾配のきついこの登坂を、足をつかずに登り切れる者などいまいと考えていた。しかし、ここを先頭で、かつ足をつかずに登りきったのがルネ・ポティエだ。この日を終えて一時総合リーダーの座につき、そして翌年にはバロン・ダルザスを再び先頭通過した後で、最終的な総合優勝を遂げたことで、「厳しい山岳＝ツール・ド・フランス」というイメージを作り上げた。ポティエはツール史上最初の山岳王だと称されている。

その後ツールはどんどん過激な山岳レースとなった。ピレネー、アルプスと2000m級の峠を越えることが常態化していったが、ロズ峠の混沌もその延長線上にあると思えば納得がいく気がする。かつて主催者が選手を震撼させたバロン・ダルザスも、21世紀のいまは2級山岳でしかない。1級山岳、そして超級山岳なるカテゴリーまである今日では、凡百の峠に等しい。無常を感じる。

結局、抜け道をする関係で、この日最初の撮影はコルニモンという町で行うことになった。閉じている花屋のショーウインドウを拝借して、ノートルダム・ド・ベルコンブに続く「店舗スナップ」を試みたが、ちょっと狙い過ぎな写真になってしまった。そしてこれが、このツールで最後の町で撮る写真となった。

今日はレース終盤に1級山岳が2つ連続する、今大会最後の山岳ステージでもある。総合優勝の行方はほぼ決しているので、主催者が目論んでいたであろう最終日前日のドラマは望むべくもない。が、それでもフランス国民はこのステージを待ちわびていた。いや、正確にはこのステージが来ないことを望んでいたのかもしれない。「山岳王」ティボー・ピノがツールの峠を走る最後のステージだったからである。

これまで何人かのスター選手の名前を挙げてきた。ポガチャルやヴィンゲゴーといった総合優勝を狙う選手に加え、ファンデルプールやアラフィリップなど、強く華のある勝ち方をする選手たちは民衆も認めるチャンピオンだ。ピノは逆に、その弱さゆえに人民の心を掴んだチャンピオンだった。

彼はロードレース界の中で少し変わった選手だ。成功した多くの選手が高級車を乗り回し、派手なライフスタイルを謳歌するようになるのと違い、彼は山中の牧場でヤギやロバと暮らすことを好んだ。生粋の動物・自然好きな彼は、時に人を出し抜き、欺くことも戦術として称賛されるロードレースには繊細すぎる存在だったかもしれない。登坂で天才的な強さを見せ、ツールのステージ優勝やクラシックレースを勝ち取ってきた彼は間違いなく一流の選手だったが、メンタル面での不安定さがプロ生活に暗い影を落とし続けた。多くの選手が自らの上辺だけを見せるように努める中で、弱さもさらけ出すピノはひどく人間的で、時に痛々しいほどではあったが、だからこそ人々は彼を愛した。一度登りに入れば、力尽きるまで出し尽くす積極的な走りで、勝利に届かないことも多かったが、その敗北の姿は美しくもあった。その彼が、この年限りでの引退を表明し、最後のツールで、最後の山岳ステージを迎えたのだ。

　この3週間の中で飛び地的にアルザスのヴォージュ山脈のステージが選ばれたのも、ピノに捧げる主催者のはからいだと思えてならない。彼の生家や牧場はこの日のコースから20㎞も離れていないし、なんといっても、彼が2012年に初めてツールのステージ優勝を挙げた日、スタート地点は今日と同じベルフォールだった。

　ファンも同じように考えていたらしく、大会の1週目にはすでに、第20ステージの山岳で、ピノのために集まろうという呼び掛けがなされていた。その時はまだバスク地方にいたから、ずいぶん先の話をしているなぁと思って聞いていたが、気づけばもうヴォージュ山脈の中にやってきている。先ほどから沿道には、目に見えてピノを応援するプラカードやバナーが多い。

　ファンの集いは最後から2つ目の1級山岳、プチ・バロンに決まっていたらしい。前夜からその一角に大挙して集まり始めているという報道がされていた。しかし我々は、「ヴィラージュ・ピノ《ピノのコーナー》」と名付けられたその一角を訪ねることができなかった。フィニッシュ地点の撮影を優先すると、プチ・バロンに止まっている余裕が無かったのだ。

フィニッシュ地点のル・マルクシュタインは、ヴォージュ山脈にあるスキー場。到着した時には、大勢の観客が食い入るように大型スクリーンを見ている。そこには、今まさに「ヴィラージュ・ピノ」に突入するピノの姿があった。それも、彼が先頭かつ単独で入ってきた。映像の中では、前も見えないほどにコースを埋め尽くした観客が熱狂している。おそらく、バスクのピケ峠よりも、アルプスのロズ峠のあのコーナーよりも、「ヴィラージュ・ピノ」が今大会で最も人口密度の高い場所だっただろう。同時に、割れんばかりの歓声がル・マルクシュタインに沸き起こる。今日のフランスでは誰もがピノを応援しているようだ。

しかしフィニッシュ手前でのペースアップが祟ったのか、フィニッシュに至る最後の1急山岳で失速。後ろからは、ヴィンゲゴーやポガチャルたちが迫ってきた。そして追いつかれたその瞬間、ル・マルクシュタインの観客たちは大きなため息をついた。夢のような時間が終わってしまったのだ。しかし、彼の走りをモニター越しに見ながら思ったことがある。「ティボー・ピノこそ現代のレイモン・プリドールだったのではないか」と。ともにツールで勝つことはできなかったが、その攻撃的なレーススタイルは国民を魅了し、敗北する姿をもって人の心を掴む。心優しきチャンピオンの、ラストダンスをしかと目に焼き付けた。

ル・マルクシュタインは山岳を生き抜いた総合狙いの選手たちの勝負に持ち込まれたが、ここで勝ってみせたのはポガチャルだった。彼もまたこのツールで敗者となったが、最後の最後に意地で勝ち切ってみせるあたりは、やはり大器である。崩れた第3週目の最後に再び浮上することなど並大抵の精神力ではできるものではない。

ピノへの声援鳴り止まないまま表彰式が終わると、ツールの終わりを実感する。最終日のパリはどこかお祭りの雰囲気があり、そして毎年同じフィニッシュラインなので予想がつく。毎日知らない土地を巡ってという意味でのツールは、ここで終わりだ。

ブザンソンにとった宿へ、西へと向かっていると、フランスの遅い夕暮れの光がクルマに差し込んできた。車内にはSpotifyからクイーンのベストソングが流れ始め、運転席の啓兄と助手席のルカは陽気に歌を歌いだした。ここまで無かった光景だけれど、無事にこの取材旅が終わることにみな安堵しているようだった。♪We are the champions, my friends……* 我々は勝負をしてきたわけではないが、曲がりなりにも3週間を駆け抜けてきて、今日だけはチャンピオンだと自称してもいい気がした。

夕食は、ここまでともに旅を続けてきた4人で最後の晩餐になる。迷わずに向かっ

* Queen. (1977). "We Are the Champions" Written by Freddie Mercury

この旅で最後のレオン、最後のムール貝。例外なく美味しかった。

た先は、「レオン」だ。前日に予約まで入れる念の入れようである。アルザス名物のシュークルートも、タルト・フランベも、白ワインにも興味を示さず、ムール貝を貪り食べる日本人3名とイタリア人1名。相変わらず地のものとあまり縁のない食生活だが、我々の最後の晩餐はこれしかないのである。大会が始まる前、ビルバオへ向かう道すがらにボルドーの「レオン」で食べたムール貝が最初の晩餐であったことを思い出す。ムール貝に始まり、ムール貝に終わる旅。

明日はいよいよ、花の都パリ、旅の終着点だ。

ル・マルクシュタイン山頂では、誰もがスクリーンでピノの走りを見届けている。

花屋の店先で撮ったちょっと狙い過ぎなカット。

Etape 21

Saint-Quentin-en-Yvelines — Paris-Champs-Élysées

Dimanche 23 juillet

◀第21ステージ

サン・カンタン・アン・イヴリンヌ ← 115.1km パリ・シャンゼリゼ

ツール最終日は恒例のパリ・シャンゼリゼ通りでのフィニッシュ。レース前半は、最終日までたどり着いた選手たちのお祝いムードで過ぎていく。レースはシャンゼリゼ通りの周回コースに入ってから本格的に開始。例年のように集団スプリントに持ち込まれたが、勝ったのは伏兵メーウス。最後の最後にサプライズが待っていた。危なげなくフィニッシュしたヴィンゲゴーが大会2連覇を達成した。

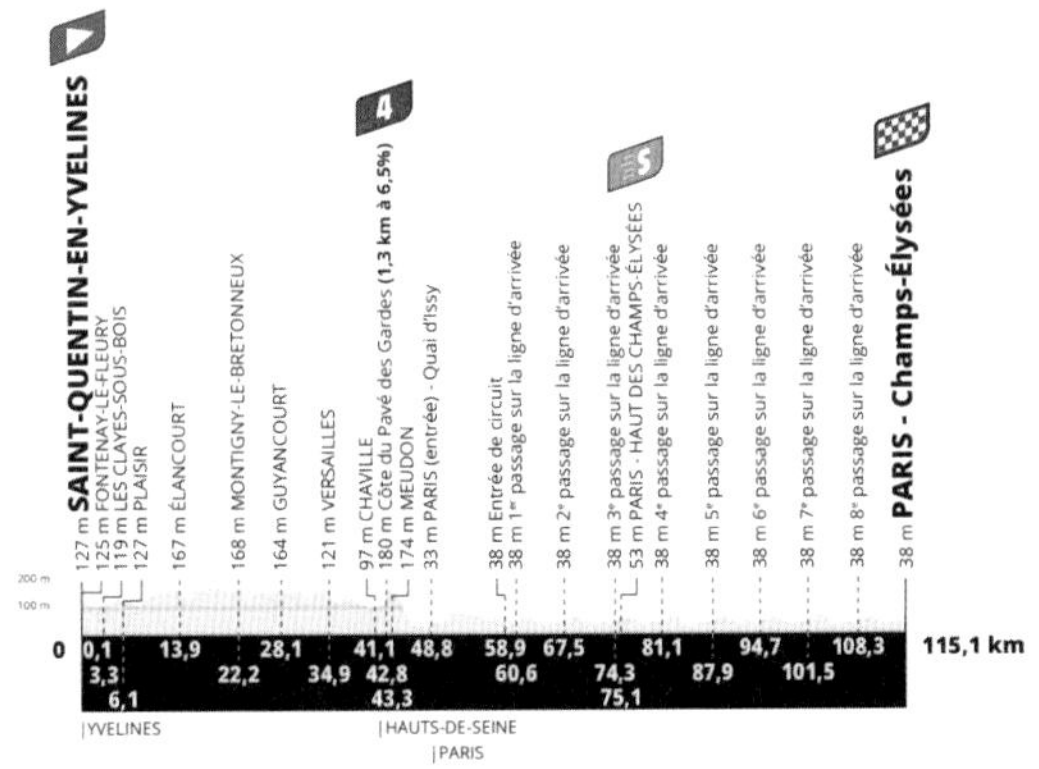

©A.S.O.

START

サン・カンタン・アン・イヴリンヌ

パリ郊外のイヴリンヌ県にある人口約23万人の都市圏共同体。フランス国立の自転車競技場があり、パリ五輪ではトラック種目がここで開催される。

FINISH

パリ・シャンゼリゼ

花の都パリ（人口225万人）にある世界で最も有名な大通り。周回コースはコンコルド広場から凱旋門前までこの大通りをいっぱいに使う。

ステージ順位 TOP3

1	MEEUS Jordi	Bora-hansgrohe
2	PHILIPSEN Jasper	Alpecin-Deceuninck
3	GROENEWEGEN Dylan	Team Jayco–AlUla

総合順位 TOP3

1	VINGEGAARD Jonas	Jumbo-Visma
2	POGACAR Tadej	UAE Team Emirates
3	YATES Adam	UAE Team Emirates

ポイント賞

PHILIPSEN Jasper

山岳賞

CICCONE Giulio

ヤングライダー賞

POGACAR Tadej

第21ステージ　サン・カンタン・アン・イヴリンヌ～パリ・シャンゼリゼ　7月23日

ツールの最終日はパリと、100年以上前から決まっている。[*] 元々はスタート地点がパリだったから、「フランス一周《Le Tour de France》」の文字通り、ちゃんと一周して戻ってくる必要があったわけだ。フランスの外周を文字通り一周していた1926年のツールは、全17ステージで総走行距離5700㎞。現在は全21ステージで約3400㎞だから、どれだけ100年前のツールは過酷だったことだろう。追いかけるメディアやジャーナリストも大変だっただろう……。とはいえ、今日の我々が大変でないわけでもない。最終日はパリ、しかし最終日前日はアルザスの山中なのだから、どうしてもレースの間に大距離移動をしなければならない。宿をとっていたブザンソンから400㎞を（啓兄が）運転し、午前いっぱい使ってパリまでやってきた。

ビルバオやボルドーなどいくつかの例外はあったけれど、ここまでほとんど大都市の中に入ることのない旅だった。そもそもフランスには大都市と呼べる規模の町が少

* 1903年の第1回大会から最終フィニッシュ地点はパリ。1903年から1967年まではパルク・デ・プランス自転車競技場が用いられた。1968年から1974年までは「ラ・シパル」と呼ばれたヴァンセンヌの森の自転車競技場。現行のシャンゼリゼフィニッシュとなったのは1975年から。

ないこともあるが、なんといって首都だけが突出している。花の都と呼ばれるパリは、最もフランスを象徴する場所でありながら、最もフランスらしくない町だ。3週間にわたりいろんな地方、いろんな町、いろんな人々に出会ってきたあとだとそのことを強く実感する。

高速道路を走るクルマが渋滞に捕まり、車窓から見える風景にグラフィティアートくずれの落書きが増えてくると、そこはパリである。郊外と呼ばれるパリの外縁部は、治安の悪さや暴動の扇状地として悪い意味で有名だが、ツールという大会は見事にそこをかわしている。パリに限らず、比較的大きな町はどこも同じような事情を抱えているが、そうしたエリアをツールが通ることはない。平穏で優雅で文化的な極めて「フランス的」な町並みが周到に選ばれている。だから、のろのろと進むクルマの車窓から落書きだらけの壁面を見ていると、逆説的に「あぁパリに来たんだ」と感じさせられる。まだエッフェル塔も見ていないというのに。

パリは巨大な町だ。町中に入ってからも、フィニッシュ地点のシャンゼリゼ広場まではしばらく走らないといけない。これまでに通ったどんな所でも、町を挙げてツールを歓迎しようという気運があった。コースとして通過しない街角もたくさんのポスターや装飾で彩られ、黄色に染まっていたものだが、パリに関しては感心してしまうくらいに平常時のままである。バカンスで住人らしき人々は少なく、スーツケースを転がす観光客がたくさん歩いている。誰も、ツールが今日パリにやってくることなんて知らないみたいだ。

だが、シャンゼリゼ通りの東の入り口であるコンコルド広場に入ると、急にそこはツールの舞台になっていた。厳重な警備体制が敷かれ、レース前の緊張感が漂っている。ツールの3週間が最後に走るのは、世界一有名な大通り、シャンゼリゼ通りなのだ。

パリ五輪の会場にもなるサン・カンタン・アン・イヴリンヌの自転車競技場をスタートした選手たちは、パリの市街地を通ってこのシャンゼリゼ通りにやってくる。これまでのステージ同様、テレビはヘリコプターを使って名所を余すことなく空撮するのだが、さすがにパリは見どころが多すぎる。映像ディレクターも大変だが、一方でレースそのものはほとんどパレード走行。シャンゼリゼの周回コースまでは競走をしないというのが、選手間の習わしになっている。そして総合優勝争いをしないというのも、最終日の不文律だ。だから総合優勝をこの後飾ることになる選手とそのチームメイトが走りながらシャンパングラスで乾杯するのも、またお決まりの絵だ。そんなゆったりとした時間の中でパリの名所が次々に紹介されていくのだが、制作を担当するフランステレビジョンは抜かりなくセーヌ川沿いに建つ本社ビルも映し出す。選手たちはサン・ミシェル大通りを北上し、セーヌ川に架かるポン・ヌフ橋を渡り、極めつけはルーヴル美術館のガラスのピラミッド前を通過する。これでもかとパリ的なロケーションを巡り、シャンゼリゼ通りへと入ってくるのである。

シャンゼリゼ通りには人が溢れていた。とはいっても、片側4車線の大通りの全域に鉄柵が置かれているため、観客と選手の距離は3週間の中で一番離れていた。だが、さすがはシャンゼリゼ。とにかく人の数が多い。特に多いのはデンマーク人たちだ。ヴィンゲゴーの大会2連覇を称えるために、老若男女が大きな国旗を振り回し、時折ツノ付きの帽子を被っている人がいる。彼らはヴァイキングの末裔なのであった。歴史を遡ると、1000年以上も昔にヴァイキングがセーヌ川を遡ってこの町を陥落させたことがあるらしい。21世紀のいま、ツールというフランス文化事象もヴィンゲゴーというヴァイキングの末裔によって統べられたことになる。国旗をまとったサポーターたちの一群は、集団が通る度に「ヨッナッス！」「ヴィンゲッゴ！」と大通りのこちら側とむこう側でコール＆レスポンスを繰り広げていた。

「パリには観光客しかいない」とフランス人の知人が言ったことがあったが、なるほど今日のシャンゼリゼにも外国からの旅行客が多そうだ。バスク人やコロンビア人、南アフリカ人がデンマーク人の間で彼らのヒーローを応援する姿を見かけたが、フランス国旗をかざしている人はほとんど見かけなかった。パリジャンたちはヴァカンスでこの町を離れ、地方に住むフランス人たちはわざわざこの石の墓場のような大都会までやってこないのだろう。だが、熱心にティボー・ピノのプラカードを掲げる男性は、パリに住んでいると言った。「パリジャンだって、ツールを観るのさ」と少し誇らしげであった。

祝賀パレードだったレースは、シャンゼリゼに入って一変した。たちまち石畳をものとしないスピードレースに豹変し、数多くのアタックが繰り返された。中でもポガチャルが抜け出して、しばらく独走した時にはシャンゼリゼは湧いた。総合2位の選手がアタックすることなど通常では考えられないが、それがポガチャルという選手でもある。来年もまたその次も、ツールの主役でい続けることだろう。

時刻は19時半。最終日はいつもフィニッシュ時間が遅くなる。最終的に集団スプリントを制したのは、ボーラ・ハンスグローエチームに所属するドイツ人のジョルディ・メーウス。今朝、彼の勝利を予想した者は誰もいなかっただろうが、サプライズウイナーにシャンゼリゼの観客は温かい拍手を送る。ここまでステージ4勝のフィリプセンはわずかに届かず2位だった。それでも、今大会で文句なしの最多勝である。今大会複数のステージを勝ったのは他にポガチャル（2勝）だけだった。

シャンゼリゼ通りのど真ん中に、手際よく表彰ステージが組み立てられ、勝者たちは凱旋門をバックに栄光に浴した。総合優勝を遂げたヴィンゲゴーには、沿道のデンマーク人たちからひときわ大きな声援が上がった。

華々しい表彰の裏では、この3週間3500㎞を走り切った選手たちが旅の終わりを喜び合う。目覚ましい走りを見せ一角の選手になった者もいれば、思うように走れなかった者、落車で負傷した者もいる。しかし、こうしてパリへたどり着いた者には等しく安堵と充足感がある。世界で最も大きく、最も狂っていて、最も美しいレースを走り切ったのだ。

各国の大使館に囲まれたプレスセンターでは、報道陣たちも旅の終わりを喜んでいた。彼らも、そして我々もツールを走り切ったのだ。もうセンセオのコーヒーを飲むこともないだろうが、それが嬉しくも悲しくもある。最後の仕事を終えてプレスセンターを出ると、もうシャンゼリゼは夕闇に包まれていた。あれだけいた沿道の人々はパリのあちこちに散らばってしまったらしく、もう誰もいない。まだ交通規制と立入禁止が解除されておらず、通りにいるのは警察官たちだけである。あの熱狂的なシャンゼリゼはツールの時にしか見られない。こんなにも静かなシャンゼリゼもまた、ツールの夜にしか見られない。通り過ぎていった町の目抜き通りや村の広場、あるいは峠道に響いていた歓声と喧騒はもうどこにもない。そういえば19歳の時にもここで、この寂寥感を味わった。ずいぶんとあれから遠いところへ来て、長い旅をしてきたような気がするが、単に元の場所に戻ってきただけかもしれない。7月のフランスがかけた魔法はいつまでも解けず、僕はまたこの場所に戻ってくるのだろう。

ツール・ド・フランスという魔法に。

デンマーク人たちは誇らしく、シャンゼリゼを埋め尽くした。

シャンゼリゼにもフランス人ファンはいる。ピノを応援するパリジャン。

3週間の戦いを終えた自転車上の英雄たちの凱旋。

完走した選手の表情に浮かぶ安堵と達成。大怪我から復帰した2021年大会の覇者エガン・ベルナルも走り切った。

Arenberg Daily Tour

ポッドキャスト抜粋収録

エアロバイクのスピードが速くなっている？

第0回（2023年7月1日）

辻 今回のツールで、変わることといえば。今年は第14ステージと第17ステージが、坂を下ってからのゴールなのね。

小俣 はい。

辻 その下りの、危険なコーナーの手前には、警告音が鳴って「この先急カーブです」みたいな案内が入ったり、緩衝材がしっかり置かれたりするみたい。

小俣 なるほど。まあ、どうしても、落車のないツールフランスは無いというのも、悲しいかな事実であって。

辻 そうね。まあ近年増えてるような印象もあるけど…。でも、同時に、みんなスマホ持って、いろんなところで撮影してるから、目に入ってくる、っていうことも考えられる。それでもちょっと増えてるかな。それ機材が進化して、スピードが簡単に出るようになったっていうのも理由かもしれない。

小俣 前にちょっと聞いた話なんですけど。「機材の進化で速くなっている」というのは実際どういうことか。

何が起きてるかっていうと、ハンドル幅が狭くなったりエアロ化が進んで、もう集団全体のサイズが、すごくコンパクトになってて。スピードが出ると、その速度域が集団全体で上がっちゃっているせいで、コントロールできない選手が出てきてる。下りとかで。

辻 ディスクブレーキが出始めて、エアロ系のロードがちょうど、多くなってきたタイミングで。自分たち2人もシマノ鈴鹿のファイブステージとか走ったけど。当時はリムブレーキの丸パイプのバイクとか、いろんなものが混在していたけど、ブレーキングのタイミングとか、「1人だけスーッと行ける」みたいな、スピード域の違いは結構感じたな。今はもう、エアロのことをしっかりと考えたディスクブレーキのバイクに乗ってるので、まあ平均的に、自転車の流れるスピードっていうのは上がってる。

こんな話でいいのかな(笑)バイクは確実に速くなってる、っていうのはあると思います。

Daily Tour 0

バスクあるある

第2回(2023年7月3日)

辻 バスクあるあるは、ご飯が美味しいね。

小俣 ご飯は美味しいですね。

辻 間違いなく安くて美味しい。高くても美味しいけど、安くても美味しいものがある。

小俣 うん。

辻 だから今日はサン・セバスチャンにいるので、何食べるんだっけ?

小俣 バスクチーズケーキを食したいと思っています。サン・セバスチャンの店が発祥のチーズケーキがあって。それが日本に輸入される形で、今バスチーとか略称なんかでも呼ばれています。ただ、現地ではそんなにというか。「なんで人気なんだ?」という反応になっている。

辻 ヨーロッパあるあるだよね。(日本の友人に)「フランス行ったら、エシレバターがたくさん買えるんですよね？」って言われて「そうなんやな」と思って。でもスーパー行ってもなかった。
で、偶然数年前に「エシレ」っていう街を通って、「あっ、エシレや」と思って。そこに本社があって、さすがにその街では皆知っていたけど。
ただ、他のフランス人に訊いても、「何その普通のバター」って言われたり。なんか日本では、流行りというか、ムーブメントが起きていても、現地では「え？」ってなることが割とあったりします。

小俣 ありますよね。チーズケーキはともかく、サン・セバスチャンは世界の美食をリードする街と言われています。
数年前まではデンマークが有名だったけれど、最近はスペインの、「エルブジ」[2]という名前のレストランもあったり、スペインに美食が移っているという流れもある。

辻 うん。

小俣 スペインの方は、（料理に）2種類の系統があって。「素材をしっかり活かす」っていう方向性と、もう一つ、「科学的調理法」なるものがあるらしい。皿の上で、科学反応を起こして、ムースを作るとか。スペインって国らしいのかな、伝統的な「その地に即したもの」と、あとはすごく革新的な（料理）。

辻 なるほど。

小俣 まあ、今日何を食べるかは決められてないんですけど。

辻 それもバスクあるあるの一つだね。今日はなんでこんなレース直後に収録してるかというと。このレースが終わって、仕事がひと段落して「さあご飯行こうか」ってときに、（レストランが）まだ開いてなかったりするから。

小俣 まだ今、（夜の）7時半とかですけどね。

辻 早くても8時以降じゃないと、レストラン選べない。だから、長めにプレスセンターで仕事して、ご飯に行く。という流れになってます。これからフランスに行ったら、また収録の時間が変わるかもしれない。

小俣 あと、バスクあるあるもう一つ。独特のフォント[3]がある。

辻 あれね。名前はおそらくあるんだろうけど…レストランとかバルとか、決まって同じフォントを使ってる。

小俣 角ばってるんですけど、これ曲線のある角ばりというか。なんて説明したらいいんだろう。似たフォントがあんまりないので、難しいんですが。通りの名前を示す看板とかなんかも、ちょっと動きのあるフォントであったりとか。

辻 街の通りとか、いろんな看板でそのフォントが使われていて。

小俣 お店の看板なんかはね、しかもレストランとかバールとか、そういうところがすごく多いかな。そんなあるあるでした。

Daily Tour 2

フランス釣り事情

第7回（2023年7月8日）

辻 今日は何パスタを食べたんでしたっけ。

小俣 サーモンパスタを。

辻 ちなみに私はサーモンピッツアでした。スモークサーモンの。

小俣 連日お肉で若干胃がもたれていたので、お休みのためにサーモンを食べました。

辻 今日のスタート地点の駐車場の横には、面白いものがありましたね。魚がいっぱい。マスの養殖場。

小俣 池みたいなところがあった。

辻 あれ何かな？ ニジマス？ でも背中は結構黒かった。

小俣 結構いいサイズ感で。多分ニジマスなのかな。でも日本の種類とも違うようにも見える。

辻 太かった。

小俣 体つきと顔つきが、ちょっと違うかなっていう気もする。今日、唯一（2人が）行動をともにしたのが……、朝ごはん後に、我々が3連泊していたタルブのホテルから歩いて

30秒のところに、なんと釣り具屋がありまして。しかも朝9時から開いていたので、思わず入ってしまいました。フランスの釣り事情が覗けて楽しかったですね。

辻 日本の製品もいっぱい置いてあって。それこそシマノ、ダイワ。あとはコマゴマとしたルアーとかがあったけれど。基本的に日本の値段の2倍から2.5倍した。

小俣 めちゃくちゃ高い。

辻 あと聞いたことがない日本の名前のルアーメーカーだったり、ブランドがチラホラあった。フランスではまるでメジャーみたいな扱いでしたね。

小俣 おそらくですけど、まあ日本製の釣り具が非常に高くて、クオリティの良さというのが評価されているので、日本に関係ない誰かが、ブランド名に日本名を冠して、あたかも日本のブランドのようにしてるんじゃないかな。

辻 それは自転車も割とあったりしてね。「中村」はよく見る。「将軍」とかも（笑）

小俣 値段がすごく高いので、日本の釣り人は恵まれているなと思う反面、（フランスでは）お金持ちの趣味なんですかね、釣りって。日本でいうと親しみやすい趣味という感じがしますけれど。

辻 そうね。釣り具屋さんに朝9時からたむろしてるおじさんたちは、ふくよかな感じで。引退して余裕のある感じがしました。店員と「ああでもないこうでもない」と朝からやっていた。

小俣 改めて日本の製品のクオリティが認められたような気がして、少しうれしい気持ちにはなりました。

辻 うん。

小俣 ただ僕ら旅行者としてはやっぱり、フランスっぽいものが欲しいなと思った。ただフランスっぽい釣り具って実はない。昔はそれこそ、ルアーフィッシングはヨーロッパから輸入してきたものだったので、フランスのルアーがメインだったりしたんですが。

そうした勢力図なんかも割と自転車に似てるのかなーなんて思いました。

Daily Tour 7

そもそもフランス料理とは？

第12回（2023年7月14日）

辻 今日は何をお食べになられましたか？　ボジョレーのこの地で。今泊まってるのがマコンという土地なんですけど。フィニッシュ地点から北に40キロくらい行ったところの、ファストテルというところに泊まりました。そこからちょっと車で南下した、今日のレストランは？

小俣 レオン・ド・ブリュッセル。海の幸を内陸でいただきまして。

辻 まあでもボジョレーですから。何を飲まれましたか？

小俣 ビールを。

辻 ビールおいしかったですね。確か初回のポッドキャストでも、ボルドー泊で。

小俣 その日もレオン行ってビール飲みました。

辻 あれから2週間経ったからね。その日もレオン行ってビールを飲みましたね。なので、またやってしまいました。しかも、その後ボルドーのフィニッシュステージでも、ビール飲んでイタリアのパスタなどいただきました。

小俣 確かにいただきました。

辻 ダメですね。

小俣 ダメってことはないですけど。食事のネタは好評なので。ただ案外、フランス料理というものは食べないですね。

辻 よく言われるんですよ。「辻さん、フランスよく行かれるんだったら、フランス料理食べるでしょう？」って。でも、そもそもフランス料理とは。

小俣 そうなんです。これ結構いいテーマ。イタリア料理と違って、これ明確にフランス料理だってものは、そんなにレストランで日常的に食べるものじゃなかったりするんですね。

辻　やっぱり、しっかりと。それこそちょっと着替えたりして。

小俣　ちょっとね。

辻　ちゃんとした靴に履き替えて、コースを食べるみたいな感じになってしまう。だから、こういうネタをイタリア人とも、フランス人とも話したことあるけど。フランスではしっかりとお金を払って、しっかりと時間をかけて食べるなら、美味しいものが結構ある。

小俣　そうですね。

辻　ただ、このツール帯同のスケジューリングの中で、一日のルーティンの中に組み込むのはなかなか難しい。予算的にもね。

小俣　「フランス料理ってなんだ」って話はすごくいいと思う。実際なんだろうってなると、料理名だと難しい。ブイヤベースとかポトフとかはあるけど、どっちもデイリーに食べる感じもあんまりないし。じゃあ、フォアグラとか言われても高級品だし。日常のパスタとかね、ああいう感じにはなかなか…。ピッツァ、みたいな感じにはなかなかならない。

辻　ピッザ！　パスタ！　スパゲッティ！　ボロネーゼ！って感じにはならないよね。

小俣　ホワイトソースのかかった、お肉なのか、魚なのか？　みたいなイメージになっちゃいます。あとエンドウマメとかね。アリコベールとか言いますけど。いわゆる僕らのイメージするフランス料理っていうものを、意外とフランス人は食べてないような気もするっていう。

辻　では、フランス人は外食で何を食べてるのかというと、チェーン系で一番目立つのがやっぱり、アメリカンなステーキハウス的レストラン。代表的なところで言うとバッファローグリルとか、あとはクルトパイユとか。なんかみんなよく食べてるし、ところどこにメンフィスっていう、チェーン系のレストランがあって。

小俣 あるね。

辻 なんかこうアメリカンダイナーみたいな、イメージを完全に詰め込んだ感じなんですよね。「えっ、フランス人めっちゃアメリカ好きやん」って思ってしまうんですけど。

小俣 アメリカ嫌いだってことで、一時期は有名だったフランス人だと思うんですけど、2000年代に入って、時代も変わったのかという気もします。

辻 そうですよね。

Daily Tour 12

シェフサイクリスト

第17回（2023年7月20日）

辻 イタリアが近い（クールシュヴェル）ということもあって、今日もイタリア人が割と多くて。イタリア人のサイクリストが多かった。イタリアから、普通の格好して来ている人は案外少なくて。「下から自分で自転車に登ってきました」みたいな。本当に自転車が好き、サイクリングが好き、自分が乗るのも好き、見るのも好き。っていうイタリア人がすごく多かったですね、今日。ロズ峠の山頂付近に近づけば近づくほど。

小俣 うん。

辻 で、彼らは意外と大人しい。

小俣 いわゆるティフォージ[4]っていう感じが、あんまりしないというか。

辻 やっぱりサイクリストとしてね、リスペクトもあるだろうし。この人たちサイクリストなんだなって、すごく感じました。

小俣 確かにさ、全身サイクリングジャージ姿の人たちで、すごい絶叫してバカ騒ぎしてる人ってあんまりいないもんね。

辻 あんまりいないですね。

小俣 荷物を持ち込めないっていうのも、あるかもしれないけど。そこは線引きができるのかもしれないです。

辻 うん。

小俣 今日登ってる時に追い抜いた、シェフ。

辻 シェフいましたね。

小俣 シェフ（の格好をした）サイクリストがいたんです。追い抜いた時、結構いい感じで登ってました。やっぱりその後だいぶ激坂もあったので、僕らが車を駐めたところに来た時に、啓兄はいなかったんだけど。

辻 うん。

小俣 車の前通ったんで、写真撮らせてもらったんです。そうしたらイタリア人でした。

辻 あっ。

小俣 で、調理器具を全部、バイクパッキングで積んでいて。鍋がサドルの所についてました。山頂で料理するんだって言って（笑）

辻 ほう。

小俣 「何作るんですか」って訊いたら「イタリア人だから、もちろんパスタでスパゲッティだよ」って言ってました。

辻 あのね、僕もその人、また上で見た。

小俣 作ってた？

辻 ジャンダルムリ（憲兵）に「そんなことするな」って言われて渋々どっかに行った。

小俣 なるほど、作ってなかったんだ。まあ「火使うな」ってことになるよね。人多いし。

辻 そんな感じだったんじゃない？　とぼとぼと歩いて下ってました。

小俣 そうか…。インスタのアカウント（@cuoco_in_bicicletta）を、ちゃんとハンドルバッグにわかりやすく貼っていて。「撮った写真ここに送ってくれ」って言われたんで、後で送ってあげようかなと思ってたんですけど。もしかして今日は気落ちしてるかもしれない。リスナーの方は見てあげて頂ければと思います。僕もまだちょっとまだ見てないんで。

辻 見てないんかい。

Daily Tour 17

アルザス雑感

第20回（2023年7月23日）

小俣　今日はアルザス地域を走るということで、だいぶ街並みや人々であるとか、変化を感じましたね。

辻　感じました。スタートのベルフォールの時点で、ざっくり日本人的な感想を言わせてもらうと「ドイツっぽい」。直線で構成された街。

小俣　今日は何回「ドイツっぽい」と言ったかわかんない。その正体のいくつかは、ある程度直線的な建物の感じ。

辻　教会の形とか。建物の色はカラフルだったり、かわいらしい色合いが多かった。でも、あまり日本でアルザスって言って「ああ、あのあたり」ってぱっと出る人いないでしょうね。

小俣　世界史を習った人だと、アルザス＝ロレーヌの割譲みたいな話もあったりして。一時期ドイツに併合されていた地域っていう印象がある人はいると思うんですが。

辻　うん。

小俣　一番象徴的なのは、アルフォンス・ドーデという小説家による、「最後の授業」という短編。それは「今日まではフランス語で授業するけど、明日からはドイツになるから、フランスの心を忘れないように」と先生が最後の授業するっていう話。

辻　なるほど。

小俣　愛国心みたいなところもあって、すごく広く読まれた本でもあるんですけど。そういうところに象徴されるような…。アルザスは、今はフランスなんですが、一時期はドイツ。というかプロイセンとかになるのかな。外国だった時期もあるという。歴史に翻弄された地域でもあるんですけど。

辻　そんな歴史を仮に全く知らなくても、街並みと建物を含めて。生えてる木だったり、道の作りだったり、あと地名。

小俣　字面ですよね。

辻　もうね、完全にドイツでした

ね。なんとかシュタインとか。

小俣 マルクシュタインとか。

辻 今日のスタートとフィニッシュ地点はル・マルクシュタイン。LEの「ル」がつくんか!

小俣 フランス語の定冠詞ね。

辻 バランスの悪さも感じたり。部分的に二カ国語表記もあったので、フランスとドイツの間っていう感じでしたね。

小俣 あらためてツール最初の頃を思い出すと、元々はバスクでスタートして。バスク語といわゆるスペイン語、カスティーリャ語ですね。が併記されていて。
またフランスの南部から少しずつ東に向かって北上していって。また全然違う言語体系の言葉が使われている町の方に出てきて…と、ある種言語を巡る旅でもあった。

辻 なんかそれ新しいですね。

Daily Tour 20

・注1 空気抵抗を少なくするために、現在では自転車だけでなくヘルメットやウェア、シューズまで進化の一途をたどっている。

・注2 スペインのジローナにかつてあった、「世界一予約の取れないレストラン」。科学調理法を取り入れ人気を博したが2011年閉店。

・注3

・注4 イタリアの熱狂的なファンのこと。彼らがいてイタリアの自転車競技は熱を帯びたものになる。

あとがき

ツール・ド・フランスという事象は、一口で説明するのがほんとうに難しい。純粋なスポーツとして、あるいは群像劇として、はたまた旅番組として、いかようにも楽しむことができる。初めは強い選手の格好良さに惹かれていた僕も、いつしか「なぜツールは、数あるレースの中でこんなにも巨大でこんなにも文化的なイベントになったのか」ということに興味が移っていった。それはこの取材記を一貫するテーマでもあるが、レースの勝敗という「オモテ面」に隠れたストーリーを紡ぐことが、自分の役目であり使命であると思って一冊にまとめてみた。

2008年を最後に止まっていたツール現地取材に呼び出してくれたのは盟友の啓兄であり、彼がいなければこの本はおろか今の自分はいない。日本でも各地で顔を合わせては、地名や地形、植生や川の流れ方などを見てはああだこうだと言い合っているが、ツール取材もその延長線上にあって、毎日多くの気付きと洞察があった。この本にもそれが反映していると思う。

第4ステージでの祖父と孫との出会いは忘れられない。フランスの地域を空間的に繋ぐツールが、人々の世代という時間も繋いでいることに、文化としか呼べないものを感じる。この本が、一人でも多くの方のツールを観るきっかけになり、そしていつかフランスという国を訪れるきっかけになれたなら、それは望外の喜びである。

最後に、取り留めのない言葉を粘り強さと哲学をもって一冊の本の形にしてくださった太田出版の須賀美月さんに御礼を申し上げたい。

ツールの喧騒から遠く離れた、
静かな八ヶ岳南麓の自宅にて　小俣雄風太

旅するツール・ド・フランス

2024年5月21日　第1版第1刷発行

著　小俣雄風太

発行人　森山裕之
発行所　株式会社太田出版
〒160-8571
東京都新宿区愛住町22 第3山田ビル4F
TEL　03(3359)6262
振替　0120-6-162166
HP　https://www.ohtabooks.com

印刷・製本　株式会社シナノ

装幀　北田雄一郎
写真　小俣雄風太
編集　須賀美月

ISBN978-4-7783-1938-0 C0026